감수·손영운 (과학 저술가)

서울대학교에서 지구과학을 전공했습니다. 중학교와 고등학교에서 과학 교사로 근무했고, 제7차 중학교 과학 교과서와 교사용 지도서를 집필했습니다. 그동안 쓴 책으로는 《손영운의 우리 땅 과학답사기》《엉뚱한 생각 속에 과학이 쏙쏙》 등이 있으며, 이 중 14권이 과학창의문화재단의 우수과학도서로 선정됐습니다. 최근에는 〈제대로 된 세계대역사 50선〉 시리즈 중 1, 2권을 출간하며 좋은 교양만화기획자가 되기 위해 노력하고 있습니다.

지음·정재은

출판 편집과 방송 작가 등 여러 직업을 통해 얻은 경험을 바탕으로 어린이 작가로 활동 중입니다. 그동안 지은 책으로는 《수학이 궁금할 때 피타고라스에게 물어봐》《개념 쏙쏙 참 쉬운 수학》,〈스토리텔링 수학〉 시리즈의 《불가사의 수학》 《스파이 수학》《바이킹 수학》《로봇 수학》《드론 수학》 등이 있습니다.

그림·유정연

대학에서 디자인을 전공하고 아동 북디자이너로 활동하다 현재 프리랜서 일러스트레이터로 활동 중입니다. 작품으로는 《북극곰이 길을 잃었어요》《세상에서 가장 행복한 예쁜 공주 이야기》《우리 아이 과학 영재로 키우는 호기심백과》《우리 아이 지혜를 키워 주는 소중한 전통백과》 등이 있습니다.

2025년 6월 10일 개정판 11쇄 펴냄

지음 · 정재은
그림 · 유정연
감수 · 손영운 (과학 저술가)

펴낸이 · 이성호
펴낸곳 · (주)글송이

편집/디자인 · 임주용, 최영미, 오영인, 이강숙, 김시연
마케팅 · 이성갑, 윤정명, 이현정, 문현곤, 이동준
경영지원 · 최진수, 이인석, 진승현

출판 등록 · 2012년 8월 8일 제2012-000169호
주소 · 서울시 서초구 능안말1길 1 (내곡동)
전화 · 578-1560~1 **팩스** · 578-1562
이메일 · gsibook01@naver.com

ⓒ글송이, 2015

ISBN 979-11-7018-034-0 74400
      979-11-86472-78-1   (세트)

*이 책은 저작권법에 따라 보호받는 저작물입니다. 무단 전재와 무단 복제를 금지하며, 이 책의 내용이나 사진의 전부 또는 일부를 이용하려면 반드시 (주)글송이와 사진 저작권자의 서면 동의를 받아야 합니다.

똑똑한 우리아이 과학영재로 키우는

호기심백과

정재은 지음, 유정연 그림, 손영운(과학 저술가) 감수

글송이

감수의 글

"과학은 왜 필요할까요?"

며칠 전에 울진 원자력 발전소에 다녀왔어요. 담당 직원을 따라 원자력 발전소 이곳저곳을 다니며 놀라운 이야기를 많이 들었어요. 특히 놀라운 것은 코딱지 정도의 크기와 질량에 해당하는 우라늄 1그램에서 석유 9드럼 또는 석탄 3톤이 탈 때 나오는 엄청난 에너지를 얻는다는 사실이었어요.

원자력 에너지 연구는 과학자들의 순수한 호기심에서 시작되었어요. 원자력 에너지를 내는 물질을 방사능 물질이라고 하는데, 방사능 물질을 본격적으로 연구한 것은 마리 퀴리라는 폴란드 여성 과학자였어요. 여성 최초로 노벨상을 탔던 분이지요. 퀴리는 눈에 보이지 않는 빛을 내는 물질에 대한 호기심 때문에 방사능 물질을 연구하게 되었어요. 그녀의 뒤를 이어 수많은 과학자가 방사능 물질에 큰 호기심을 가지고 연구한 덕분에, 오늘날 우리는 원자력 에너지를 사용하게 된 것이랍니다. 만약에 과학자들이 원자력 에너지를 발견하지 않았으면 어떻게 되었을까요? 여러분이 좋아하는 텔레비전, 휴대 전화 등을 사용하기 어려웠을 것이고, 수많은 공장이 마음껏 생산 활동을 하기 어려웠을 거예요.

세상에 대한 호기심, 우주와 자연에 대한 호기심이 과학의 시작이라고 할 수 있어요. 《우리 아이 과학영재로 키우는 똑똑한 호기심백과》를 읽고 '호기심 짱'이 되는 여러분의 모습을 기대합니다.

과학 저술가 손영운

머리말

"왜 그런지 궁금한 사람, 여기 붙어라!"

우리 생활 속에는 궁금한 것들이 너무 많아요.
'물이 끓으면 왜 주전자 뚜껑이 들썩일까?'
'쇠로 만든 무거운 배는 어째서 가라앉지 않을까?'
'달은 왜 자꾸 나를 따라오지?'

이런 호기심이 생길 때마다 이런 생각 저런 생각을 해 보세요. 에디슨처럼
엉뚱한 상상을 해도 좋아요. 할 수 있다면 직접 만져 보고, 찾아보고,
직접 경험해 보는 게 더 좋지요!
그런데 냉장고를 요리조리 살펴봐도, 전깃줄을 마냥 뚫어져라 쳐다봐도,
온종일 생각해 봐도, 답을 알아내지 못할 때가 있어요. 그럴 때는 궁금증을
해결해 주는 《우리 아이 과학영재로 키우는 똑똑한 호기심백과》를 펼쳐 보세요.
내 궁금증뿐 아니라 다른 친구들은 어떤 것을 궁금해하는지 들여다볼 수 있어요.
그래서 단순히 궁금증만 풀리는 게 아니라,
과학에 대한 호기심도 쑥쑥 자라날 거예요.

'호기심'은 힘이 매우 세요. 생각하는 힘, 어려운 과학도 쉽게 이해하는 힘,
새로운 것을 만들어 내는 힘을 길러 주니까요. 이 책을 읽고
똑똑한 영재가 되어 볼까요?

지은이 정재은

차례

1. 뽀글뽀글 우리 집 호기심 · 13

전화기는 사람 목소리를 어떻게 멀리 전해요? · 14

변기에 싼 똥은 어디로 가나요? · 16

얼음은 왜 손가락에 붙어요? · 18

젖은 빨래가 어떻게 말라요? · 20

연필은 지워지는데 왜 볼펜은 안 지워져요? · 22

달걀을 삶으면 왜 단단해져요? · 24

라면은 왜 꼬불꼬불해요? · 26

프라이팬에서는 왜 지글지글 소리가 나요? · 28

보온병에 찬물을 넣으면 따뜻해지나요? · 30

뜨거운 물 속 숟가락은 왜 뜨거워요? · 32

물이 끓으면 왜 냄비 뚜껑이 들썩여요? · 34

유리창에 입김을 불면 왜 뿌옇게 변하나요? · 36

뜨거운 음식은 왜 불어 먹어야 해요? · 38

스티커는 어떻게 붙어요? · 40

선풍기는 왜 날개 끝만 까매져요? · 42

정전기는 왜 생기나요? · 44
철은 왜 자석에 잘 붙을까요? · 46
비누는 어떻게 때를 없애요? · 48
물을 부으면 왜 불이 꺼지나요? · 50
헌 신문을 모아 어디에 써요? · 52
청소는 왜 해요? · 54

2. 반짝반짝 자연 호기심 · 57

별은 낮에 어디로 가나요? · 58
별은 왜 반짝거려요? · 60
바람은 왜 눈에 안 보여요? · 62
비는 어떻게 만들어져요? · 64
밤은 왜 깜깜해요? · 66
그림자는 왜 길어졌다 짧아졌다 할까요? · 68
달은 왜 자꾸 나를 따라와요? · 70
밝은 해를 쳐다보면 왜 눈이 부셔요? · 72

나무는 물만 먹고 사나요? · 74

왜 단풍잎은 빨갛고 은행잎은 노란가요? · 76

가로수는 왜 심어요? · 78

지금은 왜 공룡이 없어요? · 80

지구 반대편에 있는 사람은 왜 떨어지지 않을까요? · 82

산에 올라가면 왜 추워요? · 84

3. 꼬물꼬물 우리 몸 호기심 · 87

우유를 마시면 정말 키가 커요? · 88

아플 때는 왜 이마에 손을 짚어 봐요? · 90

예방주사는 왜 맞아요? · 92

어린이는 커피를 마시면 왜 안 돼요? · 94

이를 닦고 나면 왜 음식이 맛없어요? · 96

우리는 왜 물을 마셔야 해요? · 98

오줌을 누면 왜 몸이 떨려요? · 100

차를 타면 왜 잠이 와요? · 102

꿈은 왜 꾸는 거예요? · 104

밤에는 왜 잠을 자야 해요? · 106

방귀는 왜 소리가 날까요? · 108

눈싸움은 왜 오래 할 수 없나요? · 110

손톱, 발톱은 깎아도 왜 안 아파요? · 112

햇볕에 나갈 때는 왜 선크림을 발라야 해요? · 114

안경은 왜 써요? · 116

술을 마신 어른들은 왜 몸이 빨개져요? · 118

할머니, 할아버지는 왜 금니가 많아요? · 120

아기는 배 속에서 무엇을 먹어요? · 122

 **4. 뚝딱뚝딱 과학 호기심 · 125**

엘리베이터는 어떻게 올라갔다 내려왔다 해요? · 126

자동문은 어떻게 자동으로 열려요? · 128

마트에서는 어떻게 물건을 대기만 하면
얼마인지 알지요? · 130

냉장고는 어떻게 항상 시원해요? · 132

하늘에는 비행기 길이 있나요? · 134

리모컨을 누르면 어떻게 텔레비전이 켜져요? · 136

전자레인지는 불도 없는데 어떻게 음식을 데우나요? · 138

자동차 바퀴는 왜 올록볼록해요? · 140

에어백은 사고가 난 것을 어떻게 알아요? · 142

차가 멈추면 왜 몸이 앞으로 쏠릴까요? · 144

리모컨은 어떻게 우리 차에 시동을 걸어요? · 146

배는 어떻게 물에 떠요? · 148

진공청소기는 어떻게 먼지를 빨아들여요? · 150

수돗물은 어떻게 우리 집으로 와요? · 152

전기는 어떻게 우리 집으로 올까요? · 154

자동판매기는 어떻게 돈을 구별해요? · 156

가로등은 누가 켜고 꺼요? · 158

카드를 대면 어떻게 차비가 자동으로 계산되나요? · 160

에스컬레이터의 계단은 어디로 사라져요? · 162

내비게이션은 어떻게 길을 찾아요? · 164

5. 빙글빙글 그 밖의 호기심 · 167

바람이 불면 아이스크림은 왜 더 빨리 녹아요? · 168

우주에서는 왜 우주복을 입어요? · 170

콜라를 흔들면 왜 거품이 나요? · 172

튜브를 잡고 있으면 왜 물에 떠요? · 174

파마를 하면 왜 머리가 구불구불해져요? · 176

헬륨 가스를 마시면 왜 목소리가 이상해져요? · 178

빨대를 빨면 왜 쪼르륵 소리가 나요? · 180

동생은 왜 나를 그대로 따라 해요? · 182

쓰레기통에서는 왜 고약한 냄새가 나요? · 184

우리가 버린 쓰레기는 어디로 가요? · 186

음식물 쓰레기는 왜 따로 버려요? · 188

우체통은 왜 빨간색이에요? · 190

집 안을 둘러보면 **궁금**한 것투성이지요.
변기에 싼 **똥**과 **오줌**은 어디로 가는지
전화기는 어떻게 **목소리**를 전하는지
집 안 가득한 **호기심**을 찾아보아요.

1 뽀글뽀글 우리집 호기심

1장 · 뽀글뽀글 우리 집 호기심

전화기는 사람 목소리를 어떻게 멀리 전해요?

전화는 우리 목소리를 전기 신호로 바꾸어 전해 줘요.
전화기에 말을 하면, 멀리 있는 사람이 들을 수 있어요.
하지만 우리 목소리가 전화선을 타고
그대로 전해지는 것은 아니에요.
전화기가 목소리를 전기 신호로 바꾼 다음
전선으로 흘려보내지요.
이 전기 신호가 상대방의 전화기로 들어가면
다시 사람 말소리로 바뀌어 들린답니다.

우리 목소리가
전기 신호로 바뀌어
흘러가요.

그래서 전화기 목소리는
평소 목소리와 조금 달라요.
전화기가 사람 목소리를
전기 신호로 바꾸면서 소리가
조금 변하기 때문이에요.

1장 · 뽀글뽀글 우리 집 호기심

시원해~

변기에 싼 똥은 어디로 가나요?

변기 물을 내리면 쏴아아,
변기 속으로 쏙 들어가는 것 같아요.
하지만 변기와 이어진 관으로 흘러가는 거예요.
이 관은 땅속에 묻힌 정화조라는 통에 연결되어 있어요.
정화조는 더러운 것들을 썩히고 소독하는 통이지요.
정화조에서 한 번 걸러진 물은
집집에서 나오는 찌꺼기 물과 함께 하수도를 따라
하수처리장으로 흘러가요.

똥은 가라앉고
물은 다음 칸으로
넘어가요.

소독약으로
나쁜 세균을 죽인 다음
내보내요.

정화조

더러운것   부패   부패   소독

16

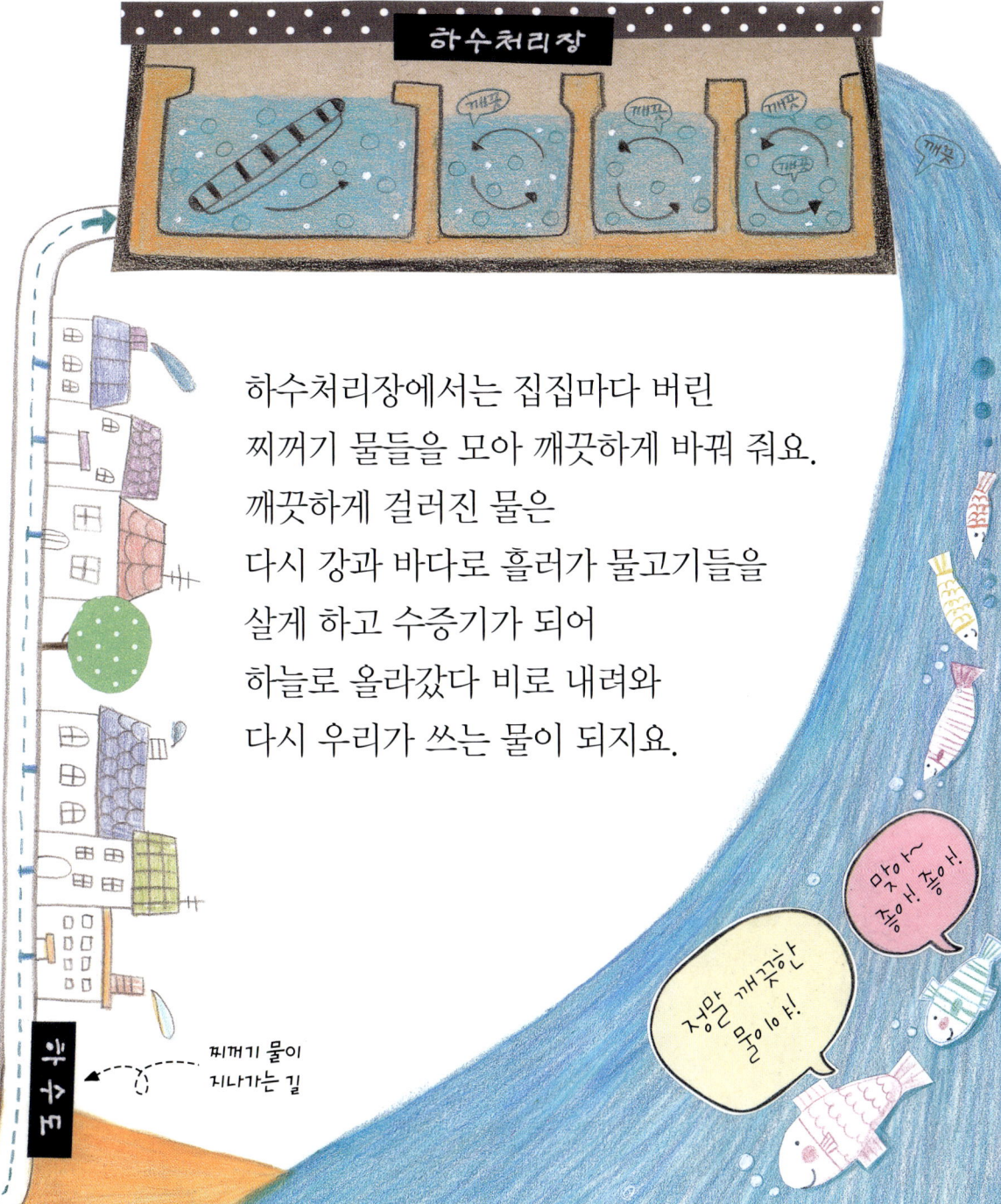

하수처리장에서는 집집마다 버린
찌꺼기 물들을 모아 깨끗하게 바꿔 줘요.
깨끗하게 걸러진 물은
다시 강과 바다로 흘러가 물고기들을
살게 하고 수증기가 되어
하늘로 올라갔다 비로 내려와
다시 우리가 쓰는 물이 되지요.

얼음은 왜 손가락에 붙어요?

우리 피부에 약간의 물기가 있기 때문이에요.
얼음을 잡으면 손가락에 있던 물기가
차가운 얼음 때문에 순간적으로 얼어요.
그래서 손가락이 얼음에 붙는 거예요.
하지만 손가락에 붙은 얼음은 금세 떨어져요.
우리 피부가 따뜻해서 손가락에 얼어붙은
얼음을 녹이기 때문이에요.

얼음보다 방 안 공기가
따뜻해서 달라붙는 거예요.

얼음은 얼음끼리도 잘 붙어요.
컵에 얼음을 여러 개 넣으면,
방 안 공기 때문에 얼음의 겉이 살짝
녹았다가 얼음이 하도 차가우니까 다시
얼면서 자기들끼리 꽁꽁 붙는 거예요.

TiP

　　냉동실 안에 넣어 둔 얼음끼리는 붙지 않아요.
냉동실 안의 온도가 얼음보다 낮기 때문이지요.
하지만 냉동실 문을 자주 열어서 냉동실 온도가 내려가면,
냉동실 속의 얼음끼리도 달라붙지요.

1장 · 뽀글뽀글 우리 집 호기심

젖은 빨래가 어떻게 말라요?

젖은 빨래는 옷 속에 물이 많아서 축축해요.
시간이 지나면 빨래 속 물들은 수증기가 되어
공기 중으로 날아가며 조금씩 마른답니다.
빨래 속에는 물이 많은데, 공기 중에는 많지 않아
물이 공기 중으로 들어가는 거예요.
빨래에서 물이 완전히 빠져나가면 빨래가
다 마르는 거예요. 비 오는 날은 빨래가 잘 안 말라요.
비 때문에 공기 중에 물이 많아서 빨래 속 물이
평소보다 더 느릿느릿 공기 중으로 날아가거든요.

연필은 지워지는데 왜 볼펜은 안 지워져요?

연필심의 가루는 종이에 살짝 붙어 있고,
볼펜 잉크는 종이에 깊숙하게 배어들기 때문이에요.
돋보기로 자세히 보면 종이 표면은 거칠어요.
헝겊처럼 결이 촘촘하게 짜여 있어요.
연필로 종이에 글씨를 쓰면 연필심은 종이 결에
살살 갈려 가루가 된 뒤 종이 결 사이에 붙어 있어요.

지우개는 종이 결에 붙은 연필 가루를 제 몸에 묻혀
연필 글씨를 지우지요. 그래서 글씨를 지우고 나면
지우개에서 까만 지우개 밥이 생기는 거예요.
볼펜은 잉크가 종이 깊숙하게 스며서 지우개로
지워도 잉크가 떨어지지 않아요. 그래서
볼펜으로 쓴 글씨는 지우개로
지울 수 없어요.

1장 · 뽀글뽀글 우리 집 호기심

달걀을 삶으면 왜 단단해져요?

날달걀을 깨뜨리면 물처럼 주르르 흘러내려요.
하지만 삶거나 튀기면 흰색과 노란색으로 단단하게
굳어지지요. 달걀 속에 있는 단백질 때문이에요.
단백질은 뜨거운 열을 만나면 성질이 변해요.
물처럼 흐물흐물 거리던 단백질끼리 엉클어져요.
단백질이 계속 엉켜 붙으면 단단한 덩어리가 된답니다.
단백질은 우리의 몸이 자라는 데
매우 중요한 영양소 중 하나예요.
우리 몸은 세포로 되어 있는데,
단백질은 세포를 만드는 원료가 되는 영양소거든요.

라면은 왜 꼬불꼬불해요?

라면을 맛있게, 빨리 만들기 위해서예요.
라면은 밀가루로 만든 면을 튀겨서 만든 거예요.
그런데 꼬불꼬불한 면은 반듯한 면보다
더 빨리 튀겨진대요. 꼬불꼬불한 틈으로
면 속의 물기가 재빨리 빠져나가기 때문이지요.
이렇게 튀긴 면은 오랫동안 상하지 않아요.
그래서 라면을 오래 두고 먹을 수 있는 거예요.
꼬불꼬불한 면은 쭉쭉 뻗은 면보다 더 맛있게 보여요.
네모난 라면 포장 속에 쏙 들어가기도 하고요.
그래서 라면을 꼬불꼬불하게 만든답니다.

> **TiP**
> 꼬불꼬불한 라면을 쭉 펴면 아주 길어요.
> 라면 한 개의 면발을 모두 이으면 우리 식구들 키를
> 다 합친 것보다 훨씬 길어요.

1장 · 뽀글뽀글 우리 집 호기심

프라이팬에서는 왜 지글지글 소리가 나요?

지글지글 맛있는 소리는
음식 재료에 들어 있는 물이 내는 소리예요.
양파, 당근, 고기, 달걀…….
맛있는 음식 재료 속에는 거의 다 물이 들어 있어요.
프라이팬을 뜨겁게 달군 뒤 재료들을 넣으면,
음식 재료에 들어 있던 물이 프라이팬으로 빠져나와요.
이 물은 프라이팬의 뜨거운 열기 때문에
금세 수증기로 변하는데, 아주 짧은 시간 동안
물방울이 부풀고 터지면서 지글지글 맛있는
소리를 내는 거예요.

1장 · 뽀글뽀글 우리 집 호기심

보온병에 찬물을 넣으면 따뜻해지나요?

보온병에 찬물을 넣으면 시간이 오래 지나도 차갑답니다.
따뜻한 물을 넣으면 계속 따뜻하고요.
보온병이 안에 든 물의 온도를 처음과 똑같이
지켜 주기 때문이에요.

보온병은 두 병이 포개져 있어요.
겉으로 보이는 병 안에 조그만 병이 하나 더 들어 있지요.
그런데 두 병 사이의 공간에는 공기가 하나도
들어 있지 않아요. 조그만 병의 열이 밖으로
새어나가는 것을 막으려고 그렇게 만들었지요.
만약 두 병 사이에 공기가 있다면,
공기가 조그만 병에 든 물에서 열을 빼내
밖으로 전달할 거예요. 그럼 보온병의 물이
빨리 식어 버려요.

1장 · 뽀글뽀글 우리 집 호기심

뜨거운 물 속 숟가락은 왜 뜨거워요?

뜨거운 물 속의 열이 숟가락으로 옮겨졌기 때문이에요.
뜨거운 물이나 뜨거운 불에 쇠나 스테인리스 따위의
금속 숟가락 끝을 대면 곧 손잡이까지 뜨거워져요.

금속 국자는 뜨거운 열을 빨리 전해 줘요.

여기는 안 뜨개~

플라스틱 손잡이

플라스틱은
열을 잘 전하지 않아요.

테이상 안뜨거워~

열이 쇠젓가락과
스테인리스 숟가락을 타고
손잡이까지 올라오기 때문이지요.

금속은 열을 잘 옮기는
성질이 있어서, 뜨거운 열에 닿으면
금세 뜨거워지지요. 하지만 나무젓가락은
뜨거운 물 속에 넣어도 손잡이가 뜨겁지 않아요.
나무는 열을 잘 옮기지 않기 때문이에요.

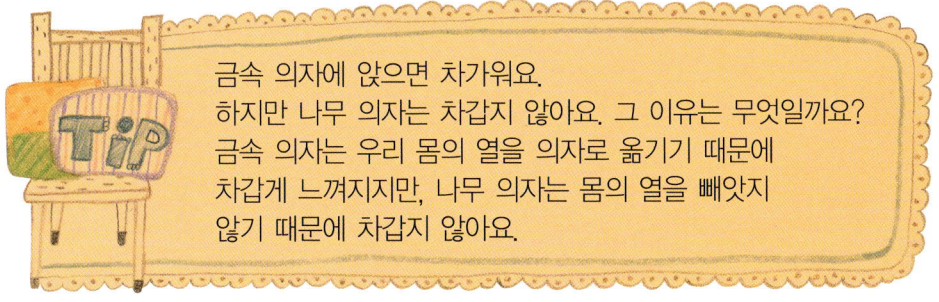

TIP
금속 의자에 앉으면 차가워요.
하지만 나무 의자는 차갑지 않아요. 그 이유는 무엇일까요?
금속 의자는 우리 몸의 열을 의자로 옮기기 때문에
차갑게 느껴지지만, 나무 의자는 몸의 열을 빼앗지
않기 때문에 차갑지 않아요.

1장 · 뽀글뽀글 우리 집 호기심

물이 끓으면 왜 냄비 뚜껑이 들썩여요?

수증기가 밖으로 나가려고 들썩거리는 거예요.
물방울은 끓으면서 몸이 가벼워져 공기 속으로 들어가요.
이것이 바로 수증기랍니다.
보글보글 물이 끓는 동안 냄비 속은 수증기로 가득 차요.
결국 수증기는 좁은 냄비를 벗어나 밖으로 나가려고
뚜껑을 들썩이지요.
수증기가 냄비 뚜껑을 들썩거리며 빠져나가도
계속 끓이면 결국 물은 모두 수증기로 날아가고
냄비 속에는 아무것도 남지 않아요.

아주 큰 냄비에 물을 조금만 넣고 끓이면
뚜껑이 거의 들썩이지 않아요. 냄비가 크면
수증기가 있을 공간이 충분하니까요.

유리창에 입김을 불면 왜 뿌옇게 변하나요?

작은 물방울이 유리창에 다닥다닥 붙어서 뿌예지지요.
우리 입김 속에는 수증기가 많이 들어 있어요.
수증기는 액체 상태의 물이 기체 상태로 변한 거예요.
그런데 수증기가 차가운 곳에 닿으면
다시 물로 변해 작은 물방울이 된답니다.
수증기는 눈에 보이지 않지만, 물방울은 보여요.
그래서 유리창에 입김을 불면 뿌옇게 보이는 거예요.

뿌연 유리창을 손가락으로 문지르면
얇게 퍼져 있는 물방울이 밀리면서 그림이 그려져요.
목욕을 한 다음 거울이 뿌예지는 것도
목욕탕 공기 중에 있던 수증기가 차가운 거울에 붙어
물방울이 되면서 우리 눈에 보이기 때문이에요.

액체 상태는 물이나 우유와 같이 눈에 보이고, 컵에 담을 수 있는 것을 말하고, 기체 상태는 공기처럼 눈에 보이지 않고 컵에 담을 수 없는 것을 말해요.

뜨거운 음식은 왜 불어 먹어야 해요?

음식을 빨리 식혀 먹기 위해서지요.
뜨거운 음식은 폴폴 김이 나지요?
뜨거운 음식 속에 든 열이 밖으로 나오고 있다는
증거랍니다. 뜨거운 음식 속에 든 물은 열 때문에
수증기로 변해 음식 밖으로 나와요.
이때 음식의 열을 빼앗아 나온답니다.
그러니까 음식은 가만히 두어도 식어요.
하지만 후후 공기를 불어 주면,
공기가 빠르게 움직여
음식 속에 있는 물을 더 빨리
수증기로 만들어 밖으로 내보낸답니다.
그래서 음식이 빨리 식는 거예요.

뜨거운 음식 밖으로 나온 수증기는 우리 눈에 안 보여요.
하지만 수증기가 식어서 물방울로 변하면 보이게 되지요.
그것이 바로 김이랍니다.

스티커는 어떻게 붙어요?

스티커 종이 뒷면에 특수한 풀 때문에 잘 붙는 거예요.
풀을 바르지 않은 종이를 그냥 종이에 붙이면,
겉보기에는 붙어 있는 것 같아도 종이를 흔들면
금세 떨어지고 말지요.
우리 눈에는 잘 안 보이지만, 종이와 종이 사이에
아주 작은 틈이 있기 때문이에요.
하지만 종이에 스티커를 붙이고 흔들어도
딱 달라붙어 있어요. 스티커 뒷면에는 끈적끈적한
풀이 발라져 있기 때문이에요.
풀이 종이와 스티커 사이의 작은 틈을 메워
종이와 스티커를 붙게 만들어요.
그런데 스티커를 자꾸 붙였다 떼었다 하면 더는 붙지 않아요.
풀이 말라서 종이와
스티커 사이의
틈을 메울 수 없기
때문이지요.

TiP 유리에 붙인 스티커는 종이에 붙인 스티커보다 잘 떨어져요. 유리가 매끄럽기 때문이에요.

1장 · 뽀글뽀글 우리 집 호기심

선풍기는 왜 날개 끝만 까매져요?

바람을 만드는 선풍기는 무엇이든 날릴 수 있어요.
선풍기 날개 끝에 묻은 까만 먼지만 빼고요.
선풍기가 돌아가면 날개와 그 주변 사이에
얇은 공기층이 만들어져요.
이 공기층은 날개의 겉에 붙어서 함께 움직여요.
그런데 공기층 속에 작은 먼지가 갇히면
날개가 아무리 빨리 돌아도 떨어지지 않아요.
먼지가 계속 들러붙기만 하고 떨어지지 않으니
선풍기의 날개 끝이 까매지는 거랍니다.
선풍기 날개는 물로 씻어서
작은 먼지를 떼어내야 깨끗해져요.

정전기는 왜 생기나요?

모든 물질은 전기를 띨 수 있는 성질이 있지만
평소에는 전기를 띠고 있지 않는답니다.
그런데 물체를 서로 비벼서 열이 나게 하면
전기를 띠게 되지요. 플라스틱 자를 헝겊에 문지르면
열이 나면서 전기를 띠어요.
스웨터를 벗을 때, 스웨터와 속옷이 부딪히면
열이 나면서 전기를 띠어요. 그래서 찌릿한 느낌이 들지요.
이렇게 서로 비벼서 생기는 전기를 마찰전기
또는 정전기라고 해요.

정전기는 건조한 겨울에 잘 생겨요.
공기 중에 습기가 많은 여름철에는 정전기가 생겨도
습기 때문에 잘 느낄 수 없거든요.

TiP

겨울이 더 건조한 이유는?
여름에는 우리나라에 바다에서
만들어진 촉촉한 바람이 불어 와요.
겨울에는 시베리아에서 메마른
바람이 불어와 건조하지요.

1장 · 뽀글뽀글 우리 집 호기심

철은 왜 자석에 잘 붙을까요?

자석 주위에 아주 고운 철가루를 뿌리면 철가루가 선을 이루며 자석 주위로 몰려들어요. 자석은 철가루를 끌어당기는 힘이 있기 때문이지요. 이러한 힘을 자기력이라고 하고, 자기력이 미치는 장소를 자기장이라고 불러요.

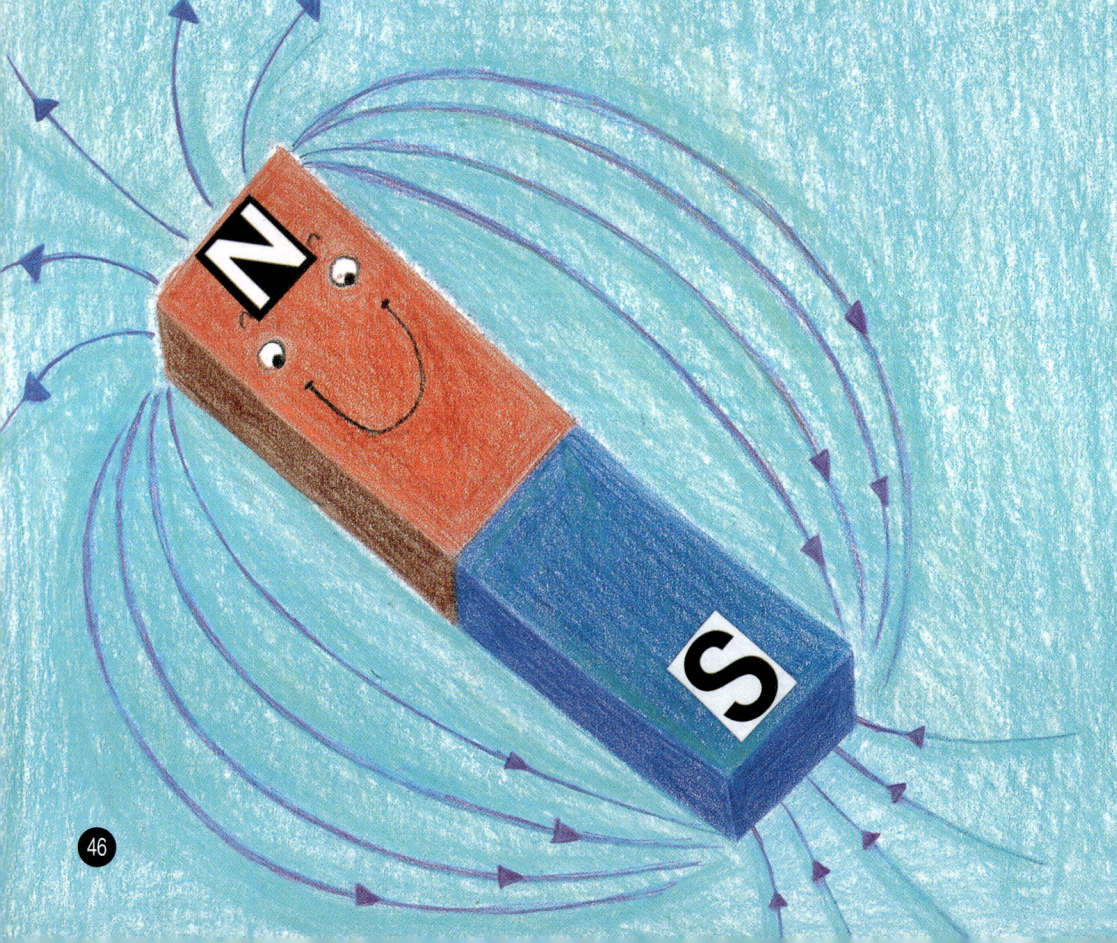

그러니까 자기장 안에 있는
철가루는 자석에 붙지만,
자기장 밖에 있는 철가루는
자석에 붙지 않아요.
전기가 흐르는 곳 주위에도
자기장이 생겨요.
그래서 쇠못에 전선을 감고 전기를
흘려 주면 쇠못이 자석이 되는데
이것을 전자석이라고 불러요.
여기에 철가루를 가까이하면
잘 붙어요.

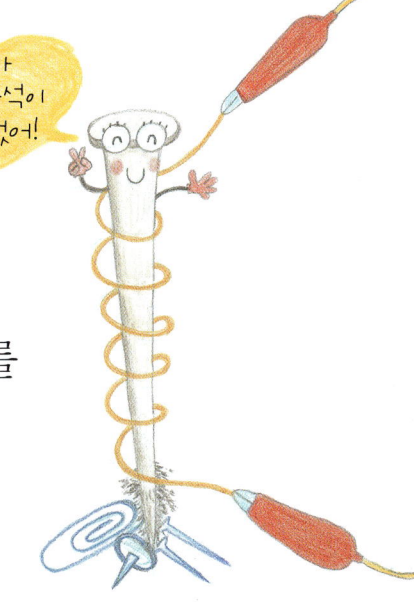

TIP
쇠붙이를 자석으로 만들 수 있어요. 쇠붙이를 오랫동안 자석에 문지르면 쇠붙이도 자석처럼 자기장이 생겨요. 하지만 이렇게 만든 쇠붙이 자석의 자기장은 금방 사라진답니다.

1장 · 뽀글뽀글 우리 집 호기심

비누는 어떻게 때를 없애요?

비누 거품이 때를 빼 준답니다.
더러운 옷을 물로만 빨아도 약간 깨끗해져요.
하지만 기름때는 지워지지 않아요.
물은 기름과 섞이지 않기 때문이지요.
이럴 때 비누 거품을 만들면 기름때가 쉽게 지워져요.
비누 거품의 한쪽 알갱이는 기름과 친하고
다른 쪽 알갱이는 물과 친해요.
기름과 친한 쪽 알갱이는 기름때를 잘게 나눠서
꽁꽁 감싸요. 물과 친한 쪽 알갱이는
기름때를 감싼 거품을 물 쪽으로 끌어당겨 씻어 내요.
그래서 비누로 옷을 빨면 옷이 깨끗해지지요.

TiP

비누 거품은 빨리 사라지지 않아요.
물거품은 얇게 퍼진 물 속에 공기가 들어가서 만들어지는데,
물이 금방 증발되어 거품이 빨리 터져요.
하지만 비누 거품은 물거품을 기름 성분으로 둘러싸서
사라지는 것을 막아 주기 때문에 오래 버티지요.

1장 · 뽀글뽀글 우리 집 호기심

물을 부으면 왜 불이 꺼지나요?

물이 불이 타는 것을 방해하기 때문이에요.
불이 타려면 산소와 뜨거운 열, 종이처럼
잘 타는 물질이 있어야 해요.
그런데 활활 타는 불에 물을 끼얹으면
순식간에 뜨거운 열이 없어져요.
불이 타면서 나오는 뜨거운 열을 물방울이 빼앗아
공기 중으로 날아가기 때문이지요.
또 물을 끼얹는 순간 산소가 불 속으로 들어가지 못해요.
그래서 물을 끼얹으면 불이 꺼지는 거예요.

불을 끄는 가장 좋은 방법은 소화기를 사용하는 것이에요.
소화기가 없다면 흙이나 담요를 덮어서 끌 수도 있어요.
흙이나 담요가 불길에 산소가 들어가는 것을 막아 불을 끄는 거예요.

헌 신문을 모아 어디에 써요?

헌 신문지를 이용해 다시 새 종이를 만든답니다.
집에서 나오는 헌 신문지, 잡지, 종이봉투, 포장지…….
이런 종이 쓰레기는 다른 쓰레기와 나눠서
따로 버려야 해요. 종이 쓰레기를 물에 녹여서
새 종이를 만들기 때문이지요.
이렇게 만든 종이를 재생지라고 부르지요.
화장지, 신문지는 거의 재생지로 만든답니다.

원래 새 종이는 나무로 만들어요.
종이를 많이 만들려면 나무를 많이 베어야 해요.

나무로 새 종이를 만들어요.

헌 신문지, 헌 잡지, 다 쓴 공책으로도 종이를 만들지요.

그 나무가 다시 자라기 위해서는 너무 많은 시간이 필요하고요. 하지만 헌 종이를 모아 새 종이를 만들면, 자연을 파괴하지 않아도 된답니다.

1장 · 뽀글뽀글 우리 집 호기심

청소는 왜 해요?

몸과 마음을 깨끗하게 만들려고요.
장난감을 바구니에 넣고, 책을 책장에 꽂고,
이불을 잘 정리하면 집이 깨끗해서 좋지만 귀찮기도 해요.
하지만 청소는 꼭 해야 해요.
집을 깨끗하게 하면 잘 아프지 않게 돼요.
병균은 먼지 가득한 지저분한 곳을 좋아하거든요.

청소를 하면 마음까지 아주 깨끗해져요.
주위가 어지럽고, 지저분하면 마음도 쉽게 어지러워져요.
마음이 어지러워지면 짜증도 잘 나고, 밥맛도 없어져요.
그래서 청소를 하는 거예요.

자연은 호기심 가득한 **놀이터**지요.
반짝반짝 **별**은 낮에 어디로 가는지
달은 왜 자꾸 나를 따라오는지
자연에 숨겨진 **비밀**을 알아보아요.

② 반짝반짝 자연 호기심

별은 낮에 어디로 가나요?

별은 낮에도 그 자리에 있어요.
낮이나 밤이나 똑같은 빛을
내뿜고 있어요. 그래서
우주정거장에서는 낮에도,
밤에도 별을 볼 수 있지요.
하지만 지구에서는 깜깜한 밤이 되어야 별을 볼 수 있어요.
낮에는 너무 밝아서 별빛이 안 보이기 때문이에요.
어두운 곳에서는 촛불처럼 약한 빛도 밝게 보이지만
아주 밝은 곳에 있으면 약한 빛은 별로 밝게 보이지 않아요.

별빛도 마찬가지예요. 낮에는 햇빛이 너무 밝아서
별이 눈에 띄지 않는 거예요. 반짝반짝 빛나는 별을
보고 싶으면 깜깜한 밤까지 기다려야 해요.

우주에서는 항상 별이 보여요.

TIP
반짝이는 별을 많이 보려면 시골로 가야 해요. 도시에는 밤에도 거리나 건물에 전깃불을 켜 두는 곳이 많아 별을 잘 볼 수 없답니다.

별은 왜 반짝거려요?

별은 원래 반짝이지 않아요.
우주에서 별을 보면 그냥 빛난답니다.
하지만 우리가 사는 지구에서 보면
반짝반짝 빛을 내는 것처럼 보이지요.
별빛이 공기층을 지나 오면서 흔들리기 때문이에요.

지구는 두터운 공기층으로 싸여 있어요.
그런데 이 공기는 바닷물처럼 끊임없이 흔들린답니다.

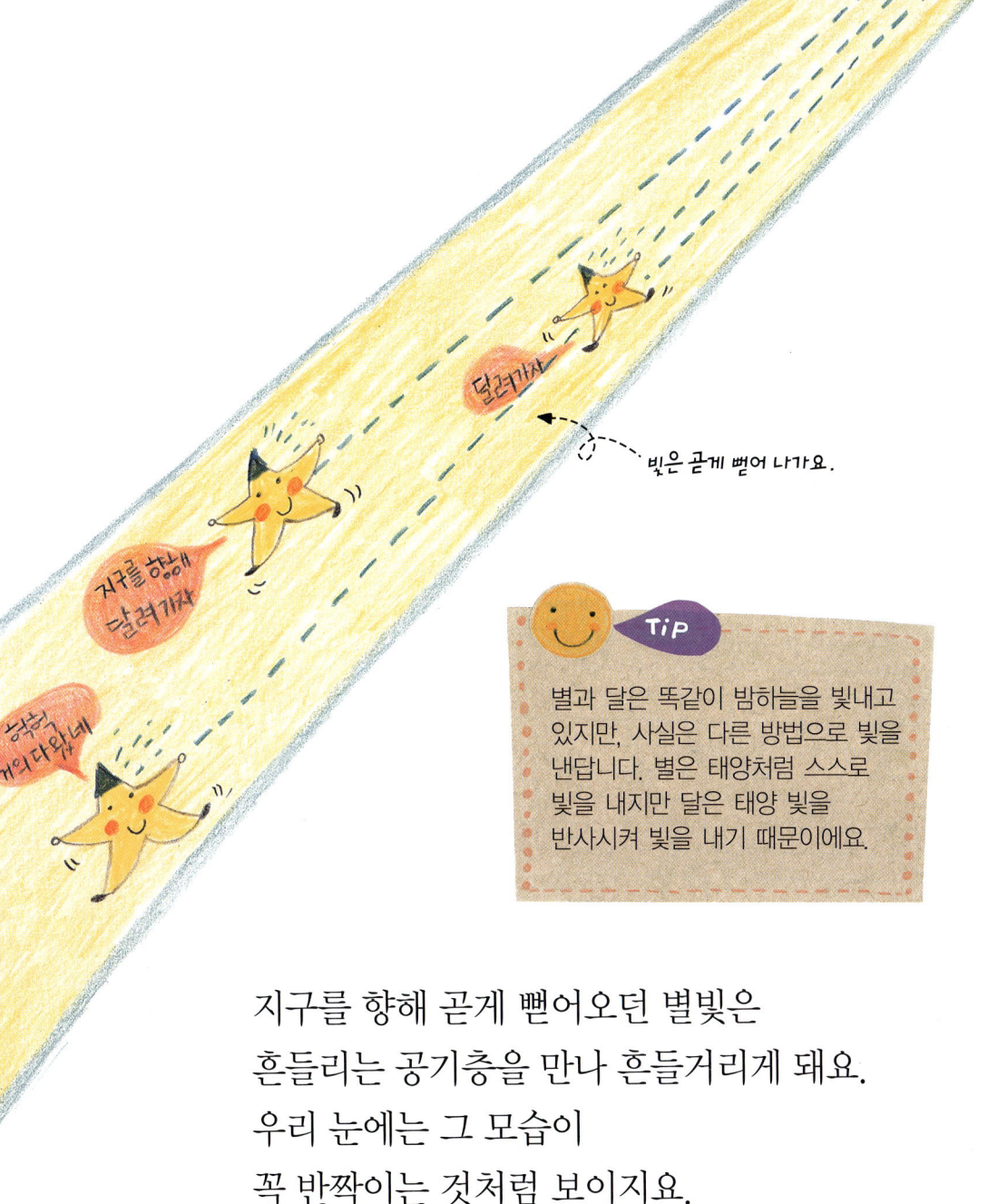

별과 달은 똑같이 밤하늘을 빛내고 있지만, 사실은 다른 방법으로 빛을 낸답니다. 별은 태양처럼 스스로 빛을 내지만 달은 태양 빛을 반사시켜 빛을 내기 때문이에요.

지구를 향해 곧게 뻗어오던 별빛은
흔들리는 공기층을 만나 흔들거리게 돼요.
우리 눈에는 그 모습이
꼭 반짝이는 것처럼 보이지요.

2장 · 반짝반짝 자연 호기심

바람은 왜 눈에 안 보여요?

공기가 눈에 보이지 않기 때문이에요.
공기의 움직임을 바람이라고 하거든요.
지구는 아주 많은 공기로 둘러싸여 있어요.
그런데 물이 높은 곳에서 낮은 곳으로
쉼 없이 움직이듯이 공기도 압력이 높은 곳에서
낮은 곳으로 움직이지요.
끊임없이 움직이는 공기 알갱이들이
바람을 만들어 낸답니다.

공기는 눈에 안 보여
우리의 움직임이 바람을 만들어
너무 좁아!
움직이자
나는 공기
우리들은 공기야

공기는 아주아주 작은 투명한 알갱이라 눈에 보이지 않아요.

바람은 눈에 보이지 않지만 우리는 바람이
부는 것을 알 수 있어요. 바람이 나뭇잎을 흔들고,
연을 날리고, 깃발을 펄럭이니까요.

압력은 무엇이 누르는 힘이에요. 물이 누르면 수압, 공기가 누르면
기압이라고 하지요. 공기의 기압은 힘이 아주 세요. 우리 몸이 기압을
느끼지 못하는 것은 몸 안에서 기압과 같은 크기의 힘으로
밖으로 미는 압력이 있어서예요. 우리 몸의 압력을 체압이라고 하지요.

비는 어떻게 만들어져요?

수증기가 공기와 함께 하늘로 올라가면
차가워져서 물방울이 되지요.
물방울은 더 높이 하늘로 올라가면
얼어서 작은 얼음 알갱이가 되기도 해요.
그런데 작은 얼음 알갱이는 주위에 있는
수증기들을 끌어 모아 점점 커져요.
커진 얼음 알갱이가 너무 무거워져 더는 하늘에
떠 있을 수 없으면, 땅으로 떨어지지요.

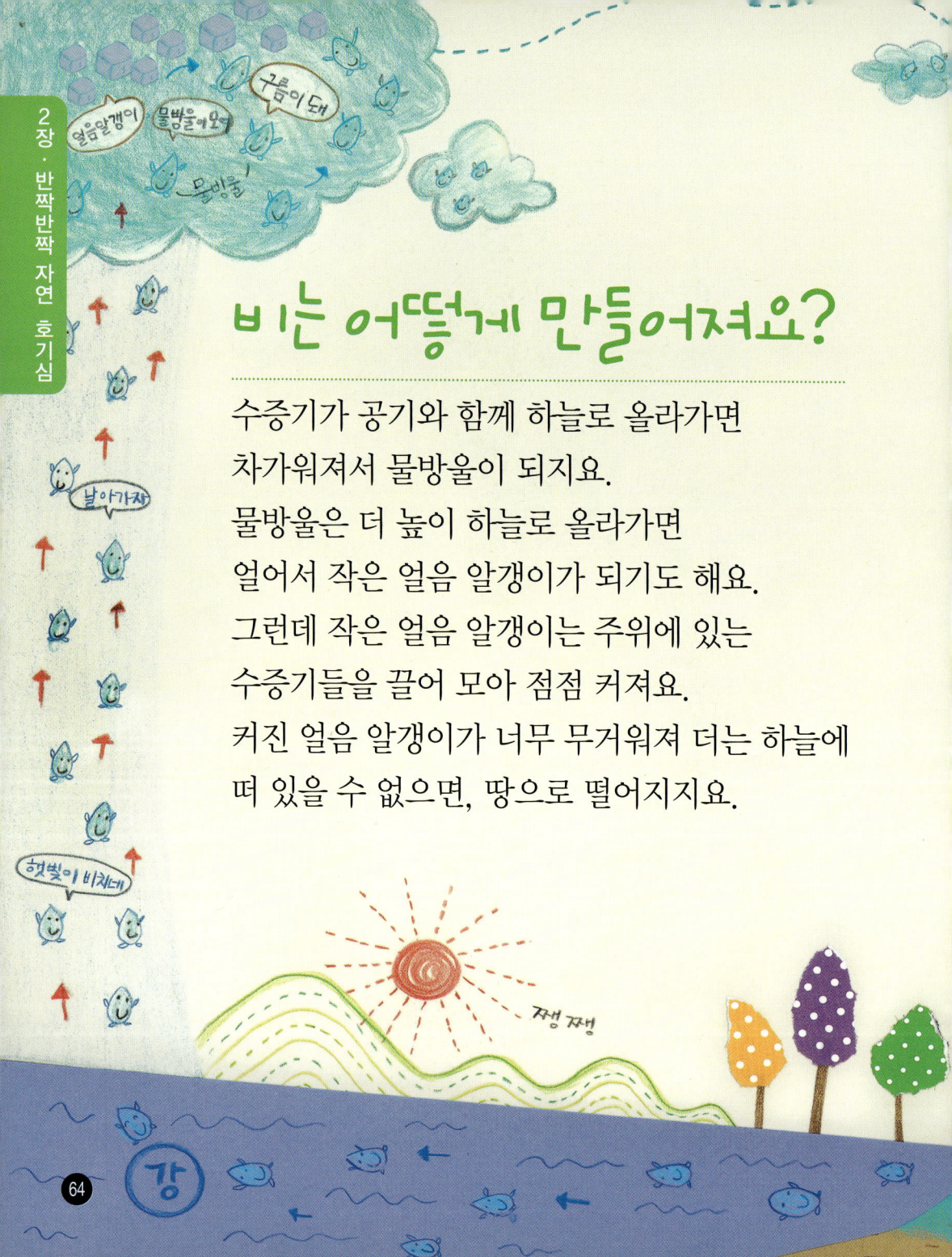

날씨가 따뜻하면 내려오다가 녹아서 비가 되고,
날씨가 추운 겨울에는 녹지 않고 그냥 눈으로
내린답니다. 햇볕이 쨍쨍 내리쬐면
강이나 바다의 물은 다시 수증기가 되어
공기 중으로 들어가요. 수증기는 또 구름이 되고,
구름에서는 다시 눈이나 비가 되어 내려요.

밤은 왜 깜깜해요?

태양은 제자리에 있는데 지구가 혼자서
빙그르르 돌기 때문이에요.
아주 밝고 뜨거운 태양은 늘 그 자리에서 빛나요.
지구는 일 년에 한 번 태양의 주위를 돌아요.
또 하루에 한 번씩 혼자서 빙그르르 돌아요.
지구가 혼자서 돌 때, 우리가 사는 땅이
태양 쪽을 보고 있으면 아주 환해요.
이때가 밝은 낮이지요.

그런데 지구가 혼자서 돌 때, 우리가 사는 땅이
태양을 못 보게 되면 깜깜해져요.
이때는 밤이랍니다.
지구가 하루에 한 번씩 빙그르르 돌기 때문에
날마다 낮과 밤이 되풀이되지요.

그림자는 왜 길어졌다 짧아졌다 할까요?

해나 전등의 위치에 따라 그림자가
길어지기도 하고 짧아지기도 해요.
한낮에는 그림자가 아주 짧아요.
하지만 해 뜰 무렵이나 해 질 무렵에는 길지요.

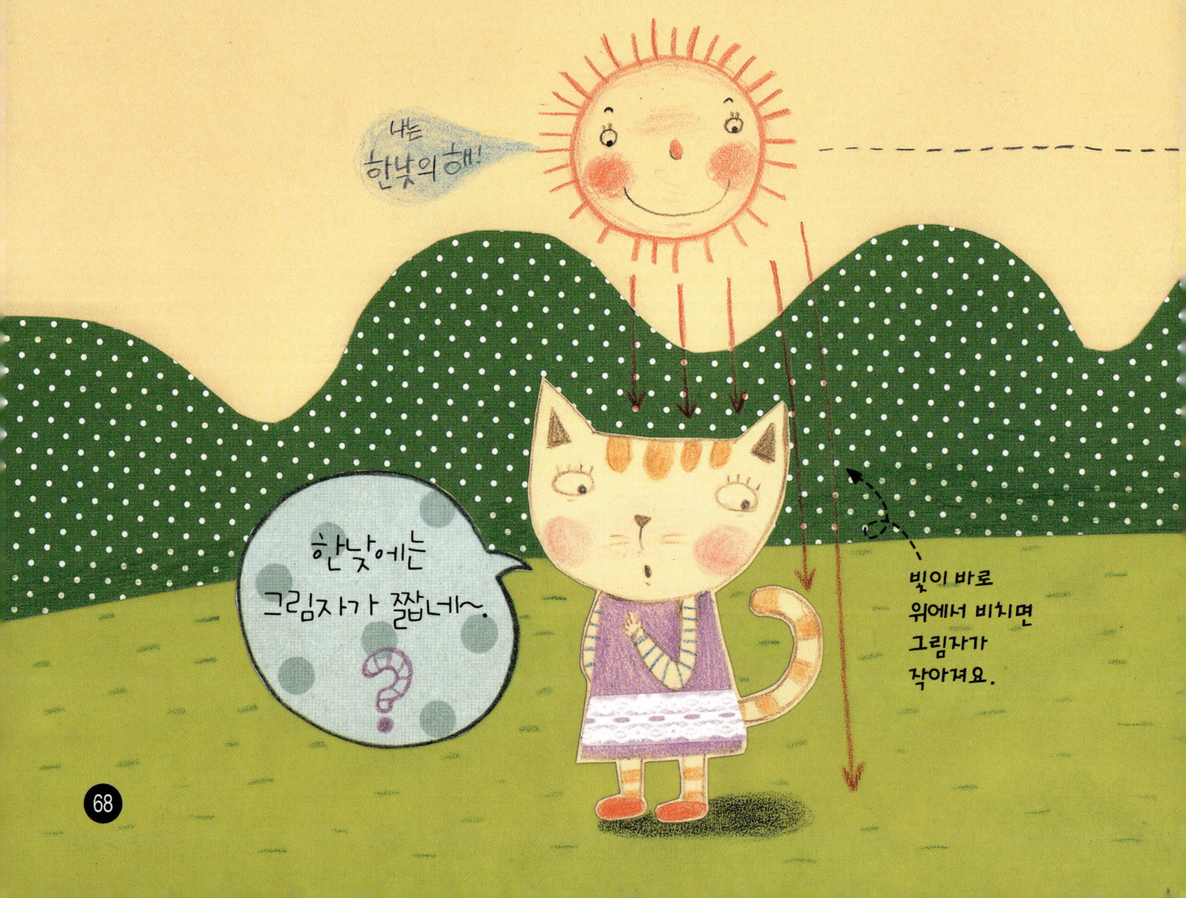

빛이 바로 위에서 비치면 그림자가 작아져요.

한낮에는 해가 우리 머리 꼭대기에 있어서
그림자가 짧아요. 아침이나 저녁에는
해가 비스듬하게 있어서 그림자가 길어진답니다.
그런데 그림자는 꼭 해가 있을 때만 생기는 것은
아니에요. 전등불, 촛불, 가로등에서도 생겨요.
그림자는 빛이 있는 곳이라면 어디든지 생기니까요.

2장 · 반짝반짝 자연 호기심

달은 왜 자꾸 나를 따라와요?

달이다!

달은 나를 따라오지 않아요.
언제나 제자리를 지키고 있지요.
우리 눈에는 달이 조그맣게 보이지만
사실 달은 어마어마하게 커요.
너무 멀리 있어서 작게 보이는 거예요.
멀리 있는 아주 큰 물체는
어디서나 잘 보여요.
　우리 집에서도, 시골에서도,
　바닷가에서도 잘 보여요.

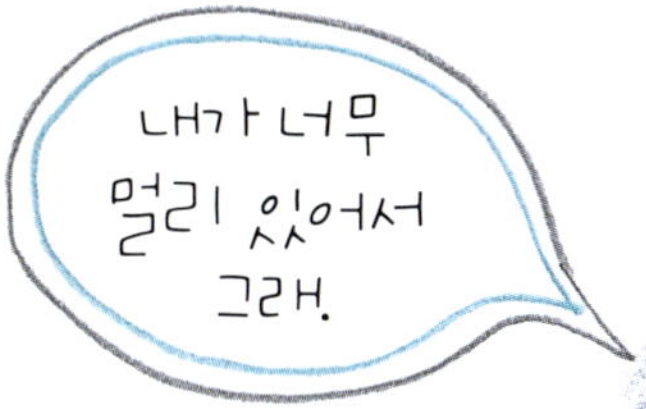

"내가 너무 멀리 있어서 그래."

달의 크기에 비해 우리가 움직이는 거리는 아주 짧으니까요.
그래서 우리가 걸어가거나 차를 타고 가면서 달을 쳐다보면 꼭 우리를 따라오는 것처럼 보이는 거예요.
달은 그냥 제자리에 떠 있는데 말이지요.

달은 태양 빛을 반사해서 빛나는 거예요.

"자꾸 달이 나를 따라오네~"

밝은 해를 쳐다보면 왜 눈이 부셔요?

너무 밝은 빛에 우리 눈이 놀라서 그래요.
우리 눈동자는 빛을 받아들여 주위의 물체를 본답니다.
눈동자는 어두울 땐 빛을 많이 받아들이려고 커지고,
밝을 땐 빛을 조금 받아들이려고 작아져요.
그런데 어두운 곳에 있다가 갑자기 밝은 곳으로 나가면,
너무 많은 빛이 한꺼번에 눈동자로 들어와 깜짝 놀라게 돼요.
눈동자는 너무 놀라서 잠시 눈이 부신 채로 있다가
시간이 지나면 다시 괜찮아져요.

밝은 해를 쳐다볼 때도 마찬가지예요.
갑자기 너무 밝고 강한 빛을 내는 해를 쳐다보면,
눈동자가 쏟아져 들어오는 빛에 깜짝 놀라
눈이 부신 거랍니다. 그래서 맨눈으로 해를 쳐다보면
절대로 안 돼요. 눈이 상할 수 있으니까요.

나무는 물만 먹고 사나요?

산에 사는 나무는 비만 오면 잘 살고,
화분에 사는 나무는 물만 주면 잘 사는 것 같지요?
아니에요. 나무는 물만 먹고 살 수 없어요.
우리가 밥도 먹고, 고기도 먹고, 물도 먹는 것처럼
나무도 물과 함께 햇빛과 공기를 먹고 살아요.
햇빛과 공기를 먹는 모습이
우리 눈에 보이지 않을 뿐이에요.
나무는 흙 속에 묻힌 뿌리로 물과 양분을 빨아들이고,
잎으로는 공기와 햇빛을 빨아들여요.
물과 공기, 햇빛 중 하나라도 없으면 나무는 살 수 없어요.

> **Tip**
> 흙 속에는 나무한테 좋은 영양분이 많아요.
> 나무는 뿌리로 흙 속의 영양분을 빨아올려 튼튼하고 예쁘게 자라요.

왜 단풍잎은 빨갛고 은행잎은 노란가요?

나무가 계절에 따라 다른 색 물감을 만들기 때문이에요. 여름에는 단풍나무와 은행나무의 잎이 둘 다 녹색이에요. 햇빛을 받아 엽록소라는 녹색 물감을 만들기 때문이지요.

가을이 되어 햇빛이 부족해지면 단풍나무는 엽록소를
만들지 못하고 대신 붉은 색깔의 물감을 만들어요.
그래서 단풍잎은 붉게 물들지요.
은행나무도 가을이 되면 엽록소를 만들지 못하고
원래 가지고 있던 노란색 물감으로
은행잎을 노랗게 물들이지요.

가로수는 왜 심어요?

모두가 행복해지려고
가로수를 심는 거예요.
도시에는 자동차 연기, 먼지,
나쁜 공기가 아주 많아요.
가로수는 환경을 오염시키는
나쁜 공기를 빨아들이고
상쾌한 산소를 만들지요.
도시에는 시끄러운 소리도 아주 많고,
햇볕이 길을 뜨겁게 하기도 해요.

가로수는 시끄러운 소리와
뜨거운 태양열, 넘치는
빗물도 빨아들여요.
그래서 도로 가에, 건물 앞에,
도시 곳곳에 가로수를
심었답니다.

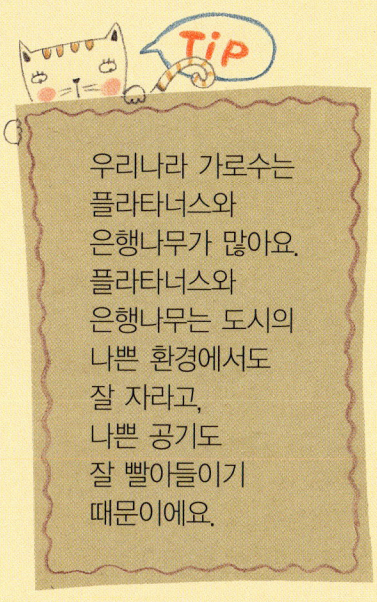

TIP

우리나라 가로수는
플라타너스와
은행나무가 많아요.
플라타너스와
은행나무는 도시의
나쁜 환경에서도
잘 자라고,
나쁜 공기도
잘 빨아들이기
때문이에요.

도시의 먼지나
나쁜공기를 우리가
상쾌한 산소로
바꿔요~.

매연

2장 · 반짝반짝 자연 호기심

여기에는 공룡이 없어요!

지금은 왜 공룡이 없어요?

동물원에 가면 정말 많은 동물이 있어요.
하지만 공룡의 모습은 찾을 수 없어요.
벌써 오래전에 다 죽고 말았으니까요.

하늘을 나는 익룡은 공룡이 아니에요.

하루에 나뭇잎을 2톤이나 먹어 치워요.

공룡의 종류는 무척 다양해요.

사람이 살기 전에 우리가 살았어요!

풀을 먹는 초식 공룡

브라키오 사우루스

트리케라톱스

아주 오랜 옛날,
사람이 아직 지구에
나타나기 전, 크고 작은
여러 종류의 공룡들은
지구의 지배자였답니다.
그러던 어느 날 공룡이
영영 사라지고 말았어요.
지금은 공룡 뼈, 공룡 발자국, 공룡 알 등의
공룡이 살았던 흔적만 남아서 공룡이 어떻게 살았는지
보여 주고 있어요. 지금 살아 있는 동물들 중
악어가 공룡과 가장 비슷하답니다.

TIP

많은 과학자가 아주 커다란 돌과 같은 것이
지구에 떨어져 폭발한 뒤 공룡이 사라졌다고 생각해요.
아주 커다란 돌과 같은 것이 지구와 부딪히면서 지구가
먼지구름으로 덮이고, 지진이 일어나서 공룡이 살기
어려운 환경으로 변했기 때문이지요.
하지만 정말 그랬는지는 아무도 정확히 알지 못한답니다.

2장 · 반짝반짝 자연 호기심

지구 반대편에 있는 사람은 왜 떨어지지 않을까요?

지구가 엄청난 힘으로 끌어당기고 있기 때문이에요.
지구는 아주아주 커다란 공 모양이에요.
공 위에 어떤 물건을 올려놓으면 떨어지기 쉽지요?
하지만 아무도 지구에서 떨어지지 않아요.
지구 위에 있는 사람도,
그 반대편 아래쪽에 있는 사람도.
지구 가운데서 강력한 힘이
사람을 잡아당기고 있기
때문이에요.

중

지구가 끌어당기는 힘을 중력이라고 해요.
지구의 강력한 힘은 산, 나무, 구름, 공기
모두 잡아당겨요.
만약 중력이 없다면 지구 위에는 아무것도
있지 못할 거예요. 산도, 나무도, 구름도, 공기도,
사람도 우주 속으로 흩어져 버릴 거예요.

지구를 둘러싼 공기도
중력이 꽉 붙잡고 있어서
우주로 날아가지 않아요.

2장 · 반짝반짝 자연 호기심

지구에게 열을 전해 주어야지!

산에 올라가면 왜 추워요?

높은 산은 땅에서 올라오는 열이 닿지 못해 추워요.
지구는 햇볕을 받아 땅을 데운 다음 그 열을 도로 내뿜어
공기를 따뜻하게 만들어요.
땅에서 가까울수록 땅이 내뿜는 열을 많이 받아
따뜻하답니다. 하지만 산꼭대기는 너무 높아서
땅에서 내뿜는 열이 올라갈 수 없어요.
그래서 산꼭대기는 아래쪽보다 춥답니다.

산꼭대기에는 공기가 조금밖에 없어서 춥기도 해요.
공기가 적으면 열을 전달해 주는 공기 알갱이들끼리
떨어져 있게 돼 온도가 낮아지지요.

따뜻해요~
따뜻한공기
따뜻한공기
열

우리 몸은 알수록 신비하고 놀라워요.
오줌을 누면 왜 몸이 떨리는지
아기는 **배 속**에서 무얼 먹는지
몸에 대한 **호기심**을 해결해 보아요.

우유를 마시면 정말 키가 커요?

칼슘과 단백질 무기질 등 좋은 영양소가 많아요.

좋은 영양소가 많은 음식을 먹으면 키가 커요.
우유에는 좋은 영양소가 많이 들어 있어요.
뼈를 튼튼하게 해 주는 칼슘과
살을 단단하게 해 주는 단백질과
몸을 건강하게 해 주는 무기질이 아주아주 많아요.
그래서 우유를 많이 먹으면
키가 크고 몸도 튼튼해지지요.

흰 우유는 안 먹고 딸기 우유, 초코 우유만
많이 먹겠다고요? 어쩌지요?
딸기 우유, 초코 우유는 설탕이 많이 들어서
이가 상할 수 있고, 뚱뚱한 아이가 될 수 있어요.
그러니까 되도록 흰 우유를 마시는 것이 좋아요.

3장 · 꼬물꼬물 우리 몸 호기심

아플 때는 왜 이마에 손을 짚어 봐요?

열을 재기 위해서예요. 아플 때는 몸에서 열이 나요.
이마는 평소에 잘 뜨거워지지 않아요.
열이 날 때만 뜨거워지기 때문에 손쉽게 열을 잴 수 있어요.
몸에 열이 나는 것은 나쁜 세균이나 바이러스가
몸에 들어왔기 때문이에요.

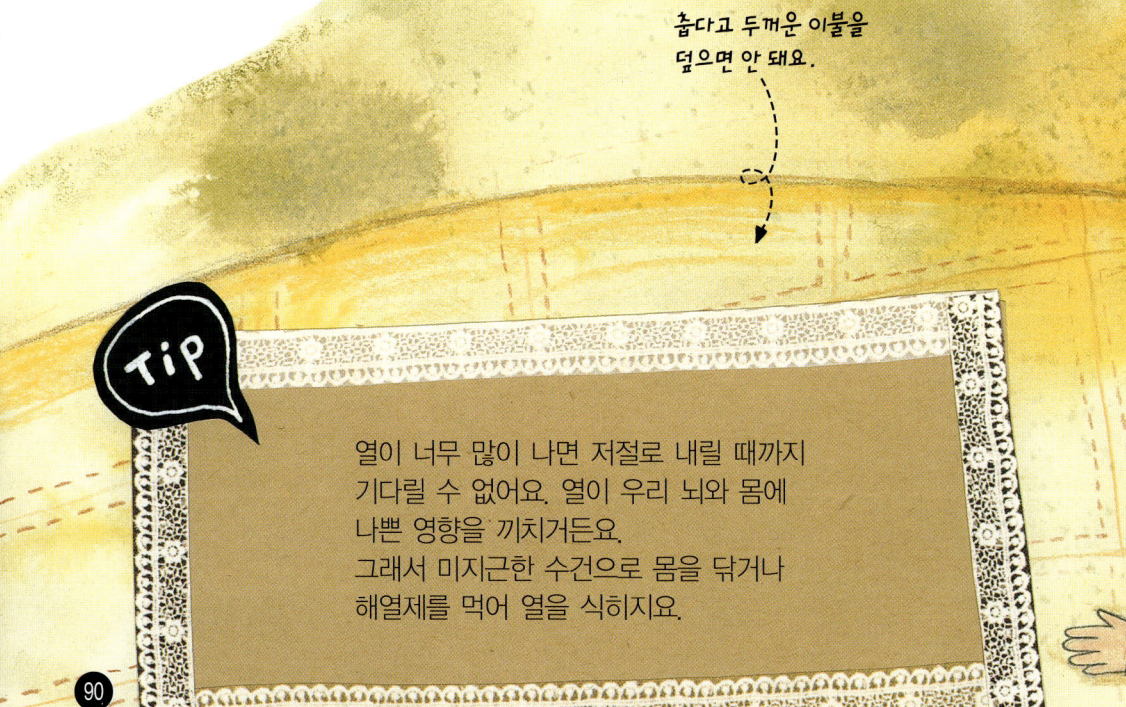

춥다고 두꺼운 이불을 덮으면 안 돼요.

TIP

열이 너무 많이 나면 저절로 내릴 때까지
기다릴 수 없어요. 열이 우리 뇌와 몸에
나쁜 영향을 끼치거든요.
그래서 미지근한 수건으로 몸을 닦거나
해열제를 먹어 열을 식히지요.

나쁜 세균이나 바이러스를 물리치려고
핏속의 백혈구가 열심히 싸울 때 열이 나거든요.
백혈구와 세균의 싸움이 심해질수록 열도 많이 나요.
백혈구가 세균과 바이러스와의 싸움에서 이기면
저절로 열이 내려요.

예방주사는 왜 맞아요?

예방주사는 백혈구에게
싸움에 이기는 법을 가르쳐 줘요.
우리 핏속의 백혈구는 기억력이 아주 좋아요.
한 번 싸워 이긴 병균이 다시 몸에 들어오면
어떻게 이겼는지 금세 기억해 내서 쉽게 물리친답니다.

예방주사의 약에는 비실비실 약한 병균이
들어 있어요. 약한 병균이 우리 몸에 들어오면
백혈구가 쉽게 이겨 내지요.
다음에 진짜 병균이 몸에 들어왔을 때,
백혈구는 예방주사와 싸워 이긴 기억을 되살려
진짜 병도 거뜬하게 물리친답니다.

> **TIP**
> 예방주사는 건강할 때 맞아야 해요. 건강할 때는
> 비실비실한 병균을 금세 이기지만, 몸이 아플 때는
> 예방주사 약에 든 병균 때문에 오히려 병에 걸릴 수도 있어요.

어린이는 커피를 마시면 왜 안 돼요?

커피 속에 들어 있는 카페인이
어린이에게 해롭기 때문이에요.
카페인을 먹으면 잠이 잘 안 와요.
어린이는 잠을 잘 때 키가 가장 많이 크는데,
커피를 마시고 잠을 못 자면 큰일이지요?

그래서 커피를 마시지
못하게 하는 거예요.
어른들은 이미 키도 다 컸고
어린이들보다 몸집도 커서
커피 한두 잔에 들어 있는
카페인은 이겨 낼 수 있어요.
그래서 어른들은 커피를
마실 수 있는 거예요.

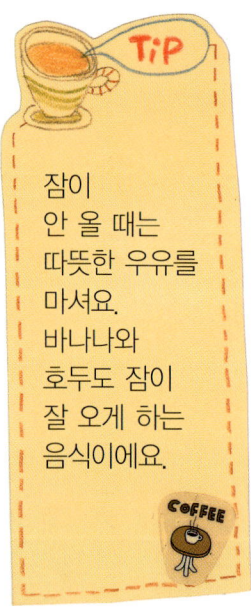

TIP
잠이
안 올 때는
따뜻한 우유를
마셔요.
바나나와
호두도 잠이
잘 오게 하는
음식이에요.

3장 · 꼬물꼬물 우리 몸 호기심

이를 닦고 나면 왜 음식이 맛없어요?

우리 혀가 얼얼해져서 그래요.
혀에는 맛을 느끼는 오톨도톨한
알갱이들이 많아요.
그런데 이를 닦으면 치약 거품이 혀에 닿으며
맛을 느끼는 알갱이들까지 감싸게 돼요.

치약 속 여러 물질들은 물로 여러 번 헹궈도
다 가시지 않아요. 조금씩 혀에 남아서
맛을 느끼는 알갱이들을 정신 못 차리게 만들지요.
이때 음식을 먹으면, 얼얼해진 혀 알갱이들이
맛을 잘 느끼지 못해요.
그래서 달콤한 딸기도, 시큼한 귤도 모두 쓰고
떫게 느껴지는 거예요.

우리는 왜 물을 마셔야 해요?

물이 부족하면 우리는 힘을 낼 수 없기 때문이에요.
몸을 잘 움직일 수도, 말을 할 수도 없어요.
피도 물로 돼 있고, 뼛속에도 물이 있거든요.
몸 밖으로 나오는 오줌과 땀, 눈물도 모두 물이에요.
그래서 우리는 날마다 물을 많이 마셔야 해요.
사람뿐 아니라 동물과 식물도 물을 마셔야
살 수 있어요.

만약 지구에 물이
한 방울도 없다면
생명체는 아무도
살 수 없을 거예요.

우리 몸속 물은 체온을 조절하고, 영양소를 전해 주고, 찌꺼기를 몸 밖으로 내보내는 일을 해요.

눈물도 물이에요.

오줌과 땀 모두 물이에요.

피도 물로 돼 있어요.

뼛속에도 물이 있어요.

오줌을 누면 왜 몸이 떨려요?

우리 몸에서 막 빠져나온
오줌은 따뜻해요.
추운 날 보면 김이 폴폴 날 정도지요.
오줌이 우리 몸에서 열을 빼앗아 나왔기 때문이에요.
그래서 오줌을 누면 몸속의 온도가 조금 내려가요.
이때 우리 몸은 근육을 아주 빠르게,
부르르 움직여 몸을 떨어요.
근육을 운동시켜서 오줌이 몸에서 빠져나가면서
빼앗아 간 열을 다시 올리려고 말이지요.

TIP 오줌은 우리 몸에서 만든 노폐물이 녹아 있는 물이에요.
방광에 모아 두었다가 양이 차면 밖으로 내보내지요.

차를 타면 왜 잠이 와요?

"자면 안 돼. 알았지?"
엄마가 몇 번씩 말해도 차만 타면 잠이 쏟아져요.
버스, 지하철, 자동차, 어떤 차를 타도 마찬가지예요.

흔들리는 차 속에는 여러 가지 소리가 들려요.
그중에는 우리 귀로는 들을 수 없지만
뇌가 듣는 소리가 있지요. 이 소리와 차의 흔들거림 때문에
우리 몸은 몹시 피곤해져요.
그래서 차만 타면 잠이 오는 거예요.
차 속 공기가 나빠서 잠이 오기도 해요.
나쁜 공기 때문에 뇌가 산소를 충분히 마시지 못하면
우리도 모르는 사이에 잠이 들지요.

차가 많이 흔들리면 멀미가 나요. 우리 귓속에 균형을 잡는 기관이 계속 흔들려서 멀미가 나는 거예요.

꿈은 왜 꾸는 거예요?

우리가 잠을 자는 동안에도 뇌는 쉬지 않고 일해요.
낮 동안 우리가 즐겁게 논 기억, 맛있는 것을 먹은 기억,
동생이랑 싸워서 운 기억, 할머니랑 소풍 간 기억들을
차곡차곡 정리해요. 뇌 속에 있는 서랍에 넣어 두려고요.
이런 기억들이나 생각이 꿈으로 나타나는 거예요.

잠을 아주 푹 자면 꿈을 꾸지 않을까요?
잠을 푹 잔 날도, 아파서 통 자지 못한 날도 우리는
꿈을 꾼답니다. 어떤 친구들은 꿈을 한 번도 꾼 적이
없다고 말하기도 해요. 하지만 이런 친구들도
꿈을 꾸었답니다. 일어나서
기억하지 못할 뿐이지요.

3장 · 꼬물꼬물 우리 몸 호기심

밤에는 왜 잠을 자야 해요?

바쁘게 움직였던 몸을 쉬어 주어야 하거든요.
오늘 하루도 신나게 놀고, 재미있게 이야기하고,
맛있는 밥을 먹고, 좋은 생각을 하느라 아주 바빴지요?
이렇게 바빴던 몸은 푹 쉬어 주어야 내일도 즐겁고 건강하게
지낼 수 있어요. 그래서 우리는 꼭 잠을 자야 해요.

잠을 자는 동안 우리 몸에는 많은 변화가 생겨요.
몸무게도 조금 줄어들고, 심장도 천천히 뛰어요.
몸이 쉬느라 그런 거예요.
몸이 잘 쉬고 나면 키가 쑥쑥 크고,
아픈 것도 잘 치료되지요.

몸이 잠들어 있는 동안에도 깨어 있는 곳이 있어요.
바로 뇌예요. 뇌는 숨을 쉬게 하고, 심장을 뛰게 하는 등의
명령을 내리기 위해 늘 깨어 있답니다.

3장 · 꼬물꼬물 우리 몸 호기심

방귀는 왜 소리가 날까요?

배 속의 공기가 작은 구멍으로 나오느라
힘들어서 뽀옹~ 소리를 낸답니다.
우리가 음식을 먹으면, 위와 창자를 거쳐
소화가 돼요. 소화를 하는 동안
창자에서는 공기가 많이 생기지요.
여기에 음식과 함께 삼킨 공기까지 더하면
배 속은 공기로 빵빵해진답니다.

빵빵한 공기는 밖으로 나가야 해요.
그래서 뽀오옹! 방귀가 되어 항문을 통해 나오지요.
방귀 소리는 공기가 항문을 빠져나갈 때 나요.
평소에 꼭 닫힌 항문의 작은 구멍을 통해 갑자기 많은
공기가 빠져나가느라 소리가 크게 나는 거예요.

눈싸움은 왜 오래 할 수 없나요?

계속 눈을 뜨고 있으면 눈이 마르기 때문이에요.
눈싸움에서 이기고 싶어서 아무리 눈에 힘을 줘도
결국 감고 말아요.
눈꺼풀은 눈을 보호하기 위해
자동으로 깜빡이게 돼 있거든요.
오래 눈을 뜨고 있으면 눈이 마르고,
눈에 세균이 들어가서 결국 눈에 병이 생기고 만답니다.

눈꺼풀은 계속 깜빡이면서 눈물을 눈 전체로 퍼뜨려요.
눈물은 눈을 촉촉하게 만들고, 작은 먼지나 세균이
눈을 상하게 하지 못하도록 눈을 소독해 주지요.

손톱, 발톱은 깎아도 왜 안 아파요?

손톱, 발톱에는 감각세포가 없어서 깎아도 아픈 줄 몰라요.
피부 아래에는 감각을 느끼는 감각세포가
촘촘히 있어서 '아프다, 뜨겁다, 차갑다,
부드럽다'와 같은 느낌을 알 수 있지요.
그런데 손톱, 발톱은 각질이라는
딱딱한 피부로 이루어졌을 뿐, 감각세포가 없어요.
그래서 잘라도 아프지 않아요.
머리카락에도 감각세포가 없어요.
그래서 머리카락을 잘라도 하나도 아프지 않답니다.

TIP 손톱, 발톱은 손가락, 발가락을 보호하기 위해 있어요. 딱딱한 손톱, 발톱이 손가락과 발가락 끝을 다치지 않게 도와준답니다.

햇볕에 나갈 때는 왜 선크림을 발라야 해요?

햇볕은 우리 몸에 꼭 필요한 비타민을 만들어 주고,
기분도 좋게 해 줘요. 하지만 오래 쬐면 피부가
벌겋게 익어서 나중에는 검어지지요.
햇볕에는 피부에 해로운 광선이 있는데,
이 광선이 피부를 다치게 해요.
피부가 다치면 우리 몸은 피부를 보호하려고
멜라닌 색소를 만들어요. 이 멜라닌이 갈색이나 검정색이라
우리 피부색이 짙어져요.
이를 두고 햇볕에
탔다고들 말하지요.
하지만 선크림을 바르면
햇볕의 해로운 광선이
피부에 닿는 것을
어느 정도 막아 줘요.

선크림을 발라야 했는데

3장 · 꼬물꼬물 우리 몸 호기심

안경은 왜 써요?

눈이 나쁜 사람은 안경을 써야 잘 보이니까요.
눈은 물체에서 오는 빛을 받아들여 눈 안쪽,
망막이라는 곳에 상(물체의 모습)을 맺어요.
물체의 상이 망막에 잘 맺힐 때 우리는
뚜렷하게 볼 수 있지요.
그런데 눈이 나쁜 사람들은 망막에 정확히
상이 맺히지 않아요. 상이 망막 앞에 나타나거나
망막 훨씬 뒤쪽에 맺히지요. 그래서 물체가
또렷하게 보이지 않아요.

안경은 우리 눈이 빛을 잘 받아들여
망막에 정확히 상을 맺도록 도와줘요.
그래서 안경을 쓰면 아주 잘 보인답니다.

망막은 눈을 이루는 안구의 가장 안쪽 벽이에요.
아주 얇고 투명한 망막에는 색깔, 모양, 빛을
느끼게 해 주는 세포가 있어요.

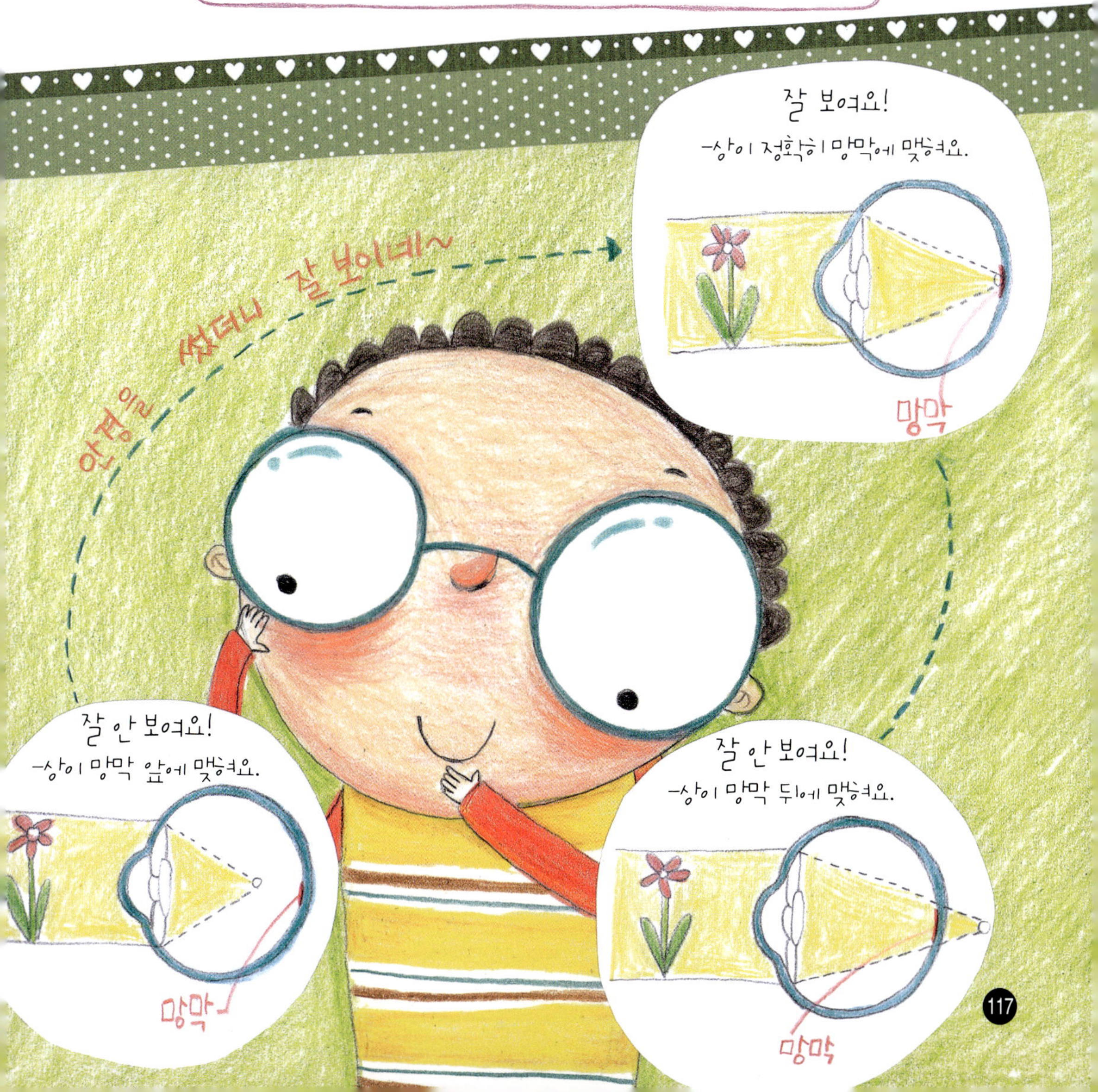

안경을 썼더니 잘 보이네~

잘 보여요!
-상이 정확히 망막에 맺혀요.

망막

잘 안 보여요!
-상이 망막 앞에 맺혀요.

망막

잘 안 보여요!
-상이 망막 뒤에 맺혀요.

망막

술을 마신 어른들은 왜 몸이 빨개져요?

우리 몸이 술을 독으로 생각하기 때문이에요.
몸에 독이 들어오면 간은 아주 바빠져요.
간에서 독과 싸워 이길 병사를 만들거든요.
술이 몸에 들어왔을 때도 간은 술 독을 없애는
특수한 병사를 만들어요.
그런데 특수 병사가 술과 싸우는 동안
찌꺼기들이 생긴답니다.
이 찌꺼기들이 얼굴과 몸을 빨갛게 만드는 거예요.

하지만 어떤 사람들은 술을 아무리 많이 마셔도
빨개지지 않아요. 다른 사람보다 간에 술 독을 없애는
특수한 병사가 많기 때문이지요.

어린이들은 절대로 술을 마시면 안 돼요.
아주 적은 양의 술이라도 몸과 마음이 자라는 것을 방해하기 때문이지요.

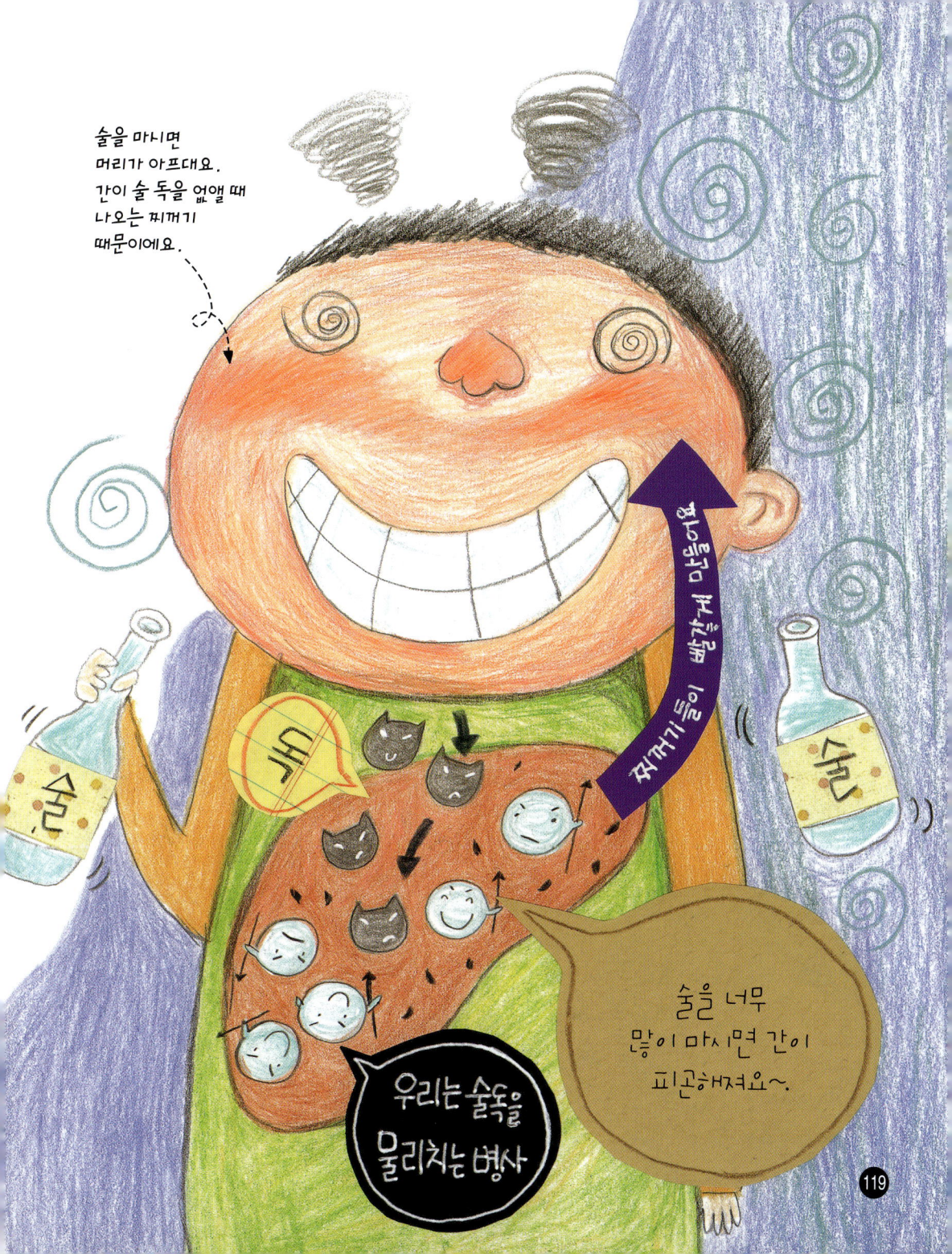

할머니, 할아버지는 왜 금니가 많아요?

금으로 이를 대신했기 때문이에요.
충치가 생기면 그 부분의 이를
갉아 내야 해요. 그럼 이에 구멍이 생기거나
이가 반만 남아서 약해져요.
약한 이를 그대로 두면 음식을 잘 씹을 수도 없고,
충치가 또 생길 수도 있어서 위험하지요.
그래서 금을 이용해 이 모양을 원래대로 만든답니다.

은이나 다른 금속이 아닌 금으로 이를 만드는 이유는
금은 독성이 없는 금속이어서 우리 몸에 해를 끼치지 않기
때문이에요. 또 단단한 정도가 자연 이와 비슷해서
다른 이와 부딪혀도 아프지 않기 때문이지요.
특히 할아버지 할머니에게 금니가 많은 것은,
할아버지 할머니들이 나이가 많아서
우리보다 더 오래 이를 썼기 때문이에요.

아이고~
이가 아파

3장 · 꼬물꼬물 우리 몸 호기심

아기는 배 속에서 무엇을 먹어요?

엄마한테 산소와 영양분을 받아먹는답니다.
엄마 배 속에 있을 때 아기는 가느다란 줄로
엄마와 이어져 있어요.
이 줄을 통해 영양분을 받고, 산소를 받고,
아기 몸에서 나온 찌꺼기도 내보내지요.
이 줄이 탯줄이에요.

아기가 태어나면 탯줄은 쓸모가 없어요.
이제 아기 스스로 먹을 수도 있고, 똥도 눌 수 있으니까요.
그래서 아기가 태어나면 탯줄을 잘라 묶어 놓지요.
그 흔적이 바로 배꼽이에요.

TiP
알에서 태어나는 동물은 배꼽이 없어요.
병아리, 비둘기, 개구리, 뱀은
배꼽이 없답니다.

세상에는 신기한 **도구**와 **기계**가 많아요.
자동문은 어떻게 저절로 열리는지
청소기는 어떻게 먼지를 빨아들이는지
신기한 **과학 원리**와 함께 알아보아요.

4 뚝딱뚝딱 과학 호기심

4장 · 뚝딱뚝딱 과학 호기심

엘리베이터는 어떻게 올라갔다 내려왔다 해요?

전기의 힘으로 무거운 것을
번쩍 들 수 있는 도르래 덕분이에요.
엘리베이터는 쇠로 만들어졌고,
사람들이 많이 타서 무척 무겁답니다.
하지만 오르락내리락 잘도 다니지요.
굵고 튼튼한 쇠줄로 건물 꼭대기에 있는
도르래에 연결돼 있기 때문이에요.
5층 단추를 누르면 도르래가 쇠줄을 끌어당겨
엘리베이터를 올리고, 1층 단추를 누르면
쇠줄을 슬슬 풀어 엘리베이터를 내리지요.

4장 · 뚝딱뚝딱 과학 호기심

자동문은 어떻게 자동으로 열려요?

자동문 위에 달린 특별한
눈 덕분이에요.
자동문 위쪽 벽에는 네모난 작은
상자가 붙어 있어요.

이 상자는 빛이 나오는 자동문의 눈이랍니다.
자동문의 눈은 아래쪽으로 계속 빛을 비추고 있어요.
그런데 사람이 다가가면 빛을 가리게 되겠지요?
그때 자동문의 눈이, 문을 여는 기계에게 명령을 내리지요.
"사람이 왔어. 문을 열어 줘."
그럼 우리 눈에 보이지 않는 기계손이 얼른 문을 열었다가
우리가 지나가면 자동으로 닫는답니다.

버스와 전철의 자동문은 가까이 가도 저절로 열리지 않아요.
운전석에서 단추를 눌러 열고 닫기 때문이에요.

마트에서는 어떻게 물건을 대기만 하면 얼마인지 알지요?

바코드라는 막대기 기호를 보고 알지요.
과일봉지에도, 장난감에도, 양말에도 까맣고 작은 막대기와 숫자가 적힌 스티커가 붙어 있지요. 이 막대기와 숫자를 바코드라고 해요.

나는 컴퓨터! 바코드를 읽고 알려 주지.

제품정보: 신나는 장난감
회사명: 잘 만든 회사
정가: 10,000원

합계: 25,000원

4장 · 뚝딱뚝딱 과학 호기심

바코드는 물건에 대한 정보를 모두 담고 있어요. 어느 나라, 어느 회사에서 만든 어떤 물건인지 가격은 얼마인지 모두 알려 주지요. 바코드를 기계에 찍으면 삑 소리와 함께 컴퓨터가 정보를 읽고, 물건들이 모두 얼마인지 계산해 준답니다.

냉장고는 어떻게 항상 시원해요?

냉장고에서 차가운 바람이 나와서 시원하지요.
차가운 바람을 만드는 기계는 냉장고 뒤에 있어요.
이 기계에는 따뜻한 열을 잘 빨아들이는
물질이 들어 있는데, 이 특수한 물질이 냉장고 속에 있는
열을 빼앗아 냉장고 밖으로 내보내요.
그래서 냉장고 안이 시원한 거예요.
알코올 솜으로 팔을 문지르면,
알코올이 마르면서 팔의 열을 빼앗아서
시원해지는 것처럼요.

4장 · 뚝딱뚝딱 과학 호기심

하늘에는 비행기 길이 있나요?

비행기도 정해진 길로만 다닌답니다.
비행기들끼리 부딪히면 큰일이니까요.
비행기 길은 더 높은 하늘 길과 더 낮은 하늘 길로 나뉘어요.
더 높은 하늘 길은 제트기들이 날고,
더 낮은 하늘 길은 보통 비행기들이 날지요.
찻길처럼 선이 있거나 울타리가 세워져 있지 않지만
비행기들은 길을 잘 찾아요.
땅 곳곳에서 쏘아 올린 전파와 인공위성에서 얻은 정보가
길을 찾아 준답니다.

4장 · 뚝딱뚝딱 과학 호기심

리모컨을 누르면 어떻게 텔레비전이 켜져요?

리모컨에서 텔레비전과 통하는 특별한 광선이 나와요. 우리는 리모컨이 내는 광선을 볼 수도, 느낄 수도 없지만 이 광선은 정확하게 텔레비전으로 전달된답니다. 그래서 텔레비전 리모컨은 텔레비전을 켜고, 오디오 리모컨은 음악을 틀고, 현관문 리모컨은 현관문을 열지요. 텔레비전 리모컨을 아무리 눌러도 현관문이 열리는 일은 없어요.

리모컨을 누르면 맨 앞에
불이 들어와요. 여기에서 광선이 나가
오디오나 텔레비전을 켜지요.

리모컨이 내는 광선은 꽤 강력해서
종이로 리모컨을 가려도,
텔레비전이 켜져요.
하지만 두꺼운 벽이나
두꺼운 솜이불로 리모컨을 가리면
켜지지 않을 수도 있어요.

전자레인지는 불도 없는데 어떻게 음식을 데우나요?

전자레인지는 강력한 전자기파로 음식을 데워요.
전자레인지 속에는 아주아주 강력한 전자기파가 나와요.
라디오나 휴대전화보다 훨씬 강한 전자기파예요.
이 전자기파는 음식 속에 있는 물 알갱이를 아주 빠르게
움직이게 만들지요.
물 알갱이가 활발하게 움직이면 온도가 높아져요.
물의 온도가 높아지면 음식이 따뜻하게 데워져요.
물이 없는 음식은 거의 없으니까요.

TIP 전자레인지 안에 금속으로 된 그릇을 넣으면 안 돼요.
전자기파가 금속을 만나면 불꽃이 튀어 아주 위험하니까요.

전자레인지를 돌릴 때는 멀리 떨어지세요.
강한 전자기파가 나와 우리 몸을 해롭게 하니까요.

전자기파

물알갱이

전자기파가 물을 움직이게 해서 음식의 온도를 올려 줘.

나는 물알갱이

빙글 빙글

4장 · 뚝딱뚝딱 과학 호기심

자동차 바퀴는 왜 올록볼록해요?

자동차 바퀴를 자세히 보면 매끈하지 않고
올록볼록하게 홈이 패어 있어요. 이런 모양은
자동차를 멈출 때 빨리 멈추게 하려고 만든 거예요.
자동차 바퀴가 이런 홈 없이 매끈하면
더 빨리 달릴 수 있어요.
그래서 경주용 자동차 바퀴에는 이런 모양이 없어요.
하지만 일반 자동차 바퀴에 이런 모양이 없으면 큰일 나요.
브레이크를 밟아도 자동차가 바로 멈추지 않고
쭉 미끄러질 테니까요.
눈이 올 때 미끄러지지 말라고 끼우는
스노우 타이어는 이런 홈이 더 깊어요.
미끄러운 눈길에서는 바퀴가
더 올록볼록해야 안전하니까요.

경주용 자동차 타이어

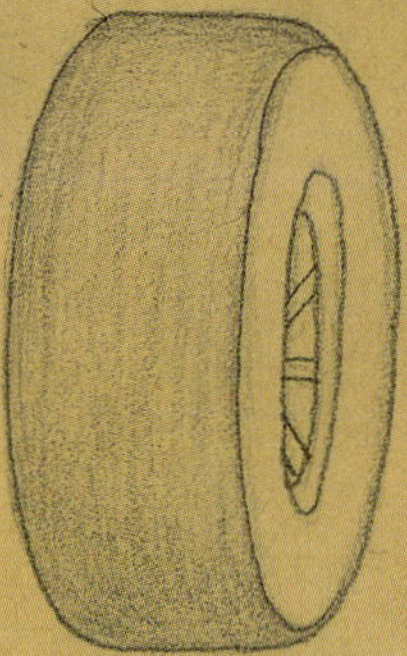

매끈해서 더 빨라요.

보통 자동차 타이어

달릴 땐 잘 달리고, 멈출 때도 잘 멈춰요.

눈이 올 때는 스노우타이어

깊게 패인 모양 덕분에 미끄러지지 않아요.

에어백은 사고가 난 것을 어떻게 알아요?

자동차의 앞뒤에는 차가 부딪혔을 때,
충격을 줄여 주는 범퍼가 달려 있어요.
그중 앞 범퍼에는 부딪히는 것을
알아채는 기계가 붙어 있어요.
차가 빠르게 달리다 어딘가에 쾅! 부딪히면
이 기계는 에어백에게 재빨리 사고 소식을 알려요.

"에어백! 당장 부풀어라!"
그럼 에어백 속에 든 안전한 질소 폭탄이 팡!
부풀어 올라요.
에어백은 순식간에 풍선처럼 불룩 부풀어서
차에 탄 사람이 운전석이나 앞 유리에 부딪혀
다치는 것을 막아 주어요.

TIP
자동차가 사고가 났을 때 크게 다치는 것을 막으려면 꼭 안전벨트를 매야 해요. 안전벨트를 하지 않으면 에어백이 터져도 크게 다칠 수 있어요.

에어백! 당장 부풀어라!

범퍼는 잘 찌그러지지 않는 재료로 만들어요.

차가 멈추면 왜 몸이 앞으로 쏠릴까요?

우리 몸이 계속 앞으로 움직이려 하기 때문이에요.
움직이는 모든 것들은 움직이던 방향으로
계속 쭉 가고 싶어 해요.
자동차가 앞으로 달릴 때, 자동차 안에 있는 우리 몸도
따라서 앞으로 가고 있어요.
끽! 갑자기 차가 멈추어도
우리 몸은 조금 전처럼 계속 앞으로 가려고 해요.
그래서 몸이 앞으로 쏠리는 거예요.

자전거를 갑자기 멈추려 할 때,
달리기를 갑자기 멈추려 할 때 힘이 드는 것도
쭉 앞으로 가고 싶어 하는 성질 때문이에요.

> **TIP**
> 움직이던 모든 것들이 계속 움직이고 싶어 하는 것처럼 멈춰 있던 모든 것들은 그대로 멈춰 있고 싶어 해요. 그래서 자전거를 타고 처음 움직일 때, 달기기를 막 시작할 때 힘이 많이 든답니다.

리모컨은 어떻게 우리 차에 시동을 걸어요?

우리 차의 리모컨은 우리 차에만 신호를 주기 때문이에요. 자동차 열쇠에 달린 리모컨은 원격시동기라는 기계예요. 원격시동기는 우리 눈에는 보이지 않는 특수한 광선을 차에게 보내 멀리서도 차에 불을 켜고, 시동을 걸고, 차 문을 열어요. 그런데 하나의 원격시동기가 보내는 광선에는 오직 하나의 차만 반응해요.

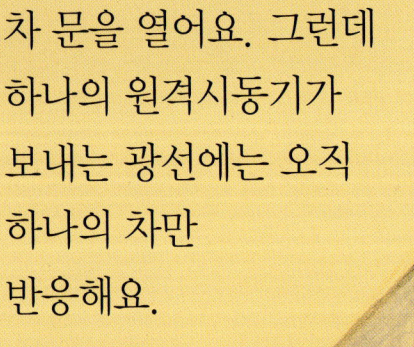

우리 집 원격시동기는 우리 차에만,
옆집 원격시동기는 옆집 차만 통해요.
그래서 우리 원격시동기를 누르면 차가 아무리 많아도
삑! 하고 우리 차에만 불이 들어오지요.

4장 · 뚝딱뚝딱 과학 호기심

배는 어떻게 물에 떠요?

물이 배를 들어올려서 배가 뜨는 거예요.
원래 쇠붙이는 물에 가라앉아요.
쇠못, 쇠로 만든 가위는 물에 넣자마자 가라앉지요.
물이 밀어 올리는 힘보다
못이 내리누르는 힘이 크기 때문이에요.
배는 쇠못보다 무겁지만 그릇처럼 넓게 만들어
물이 밀어 올리는 힘을 크게 받도록 만든 거예요.
속을 비워 공기가 든 풍선처럼 가볍게 만들었어요.
그래서 물에 둥둥 잘 뜬답니다.

4장 · 뚝딱뚝딱 과학 호기심

진공청소기는 어떻게 먼지를 빨아들여요?

진공청소기 안에 들어 있는 작지만
아주 빠르게 도는 선풍기 모양의
회전 날개 덕분이에요.
청소기 안에 있는 회전 날개는
1분에 만 번 이상 빠르게 돌아요.
그러면 청소기에 달려 있는 긴 관 속에 있는
공기를 밖으로 뽑아내 청소기 안을
진공상태로 만들어요.

공기와 함께 먼지가
빨려들어가요.

청소기 안이 진공상태가 되면 물체를 빨아들이는 힘이 세지지요. 이 힘 때문에 먼지나 작은 쓰레기들이 공기와 함께 긴 관을 통해 청소기 안으로 들어가 먼지를 모으는 곳에 모이지요.

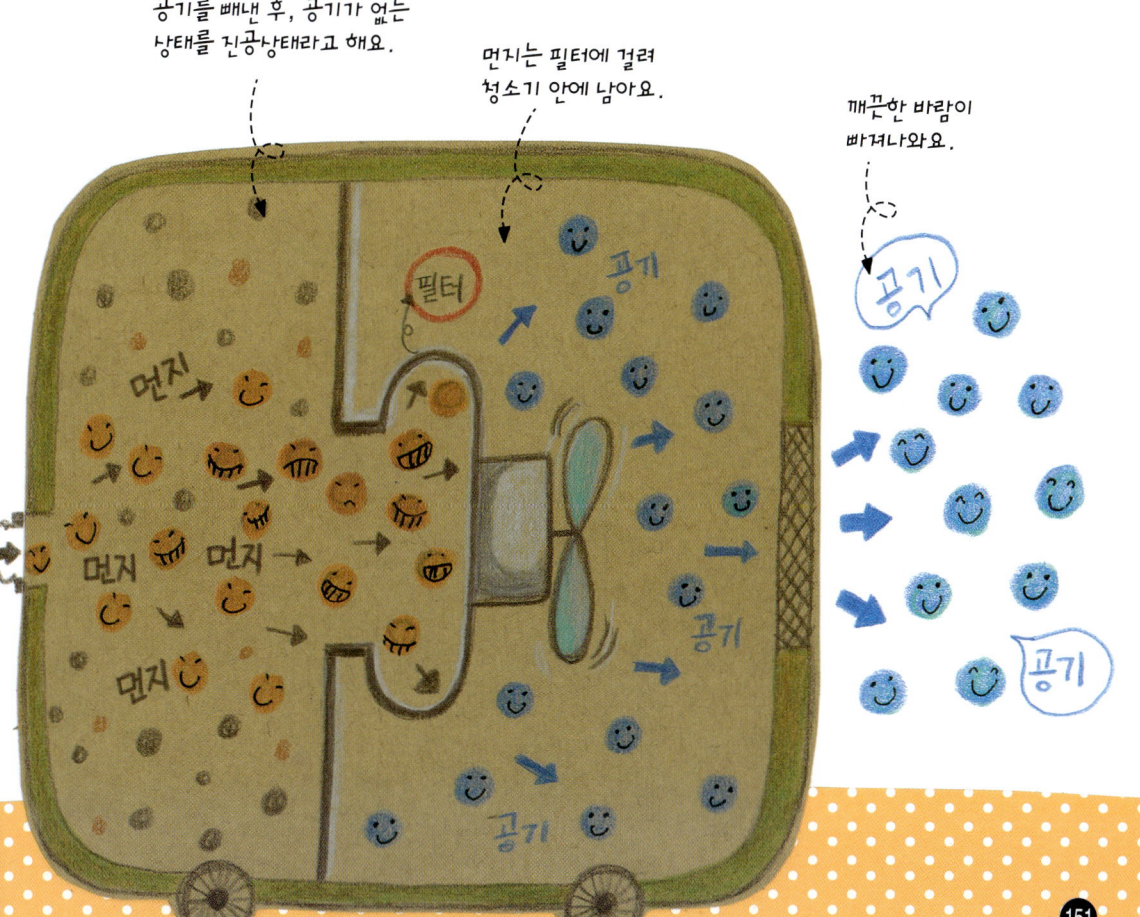

수돗물은 어떻게 우리 집으로 와요?

물은 수도관을 통해 우리 집에 들어오는 거예요.
이 물이 어떻게 수도관까지 오게 되었냐고요?
비가 강으로 떨어지면 강물이 불어나고,
비가 땅속으로 스미면 땅속 지하수가 생겨나요.
도시에서는 강물을 댐에 끌어모아 깨끗하게 소독한 다음
수도관을 통해 집집으로 보내요.

4장 · 뚝딱뚝딱 과학 호기심

지하수를 직접 끌어올려 물을 사용해요.

시골

땅

지하수

빗물이 흙과 자갈 등을 통과하며 더러운 것이 걸러지지요.

시골에서는 땅을 파서 지하수를 직접 끌어올려
쓰기도 해요. 지하수는 소독을 안 해도 깨끗해요.
빗물이 땅속 깊은 곳까지 스미는 동안
저절로 깨끗해지거든요. 하지만 요즘에는 오염된
땅이 많아서 지하수를 소독해서 먹어야 해요.

4장 · 뚝딱뚝딱 과학 호기심

전기는 어떻게 우리 집으로 올까요?

발전소에서 만들어진 전기는
전선을 통해 우리 집으로 와요.
그런데 중간에 여러 군데를 들러서 온답니다.
발전소에서 처음 만들어진 전기는 힘이 너무 세기 때문에
변전소를 들러 힘을 조금 약하게 만들어요.
집에서 쓰기 좋을 정도로 약해진 전기가
전봇대를 지나 우리 집 벽에서 기다리면,
우리는 벽에 붙은 콘센트에 플러그를 꽂아 전기를 쓰지요.
전기는 우리 집까지 오는 기나긴 여행을
전선을 타고 다니며 하지요.

발전소   변전소

자동판매기는 어떻게 돈을 구별해요?

자동판매기 안에는 돈을 구별하는
특별한 기계 눈이 있어요.
자동판매기 안에 동전이 들어오면, 특별한 기계 눈은
전류를 흘려보내 진짜 돈인지 가짜 돈인지 알아내요.
그 다음 자석과 빛을 이용해 50원인지,
100원인지, 500원인지 구별하고,
모두 얼마가 들어왔는지도 세어 본답니다.
동전을 만들 때 서로 다른 금속을 다른 양만큼 섞어
만들었기 때문에 구별하기가 어렵지 않대요.

자동판매기 안에는 지폐를 구별하는
기계 눈도 들어 있어요. 지폐마다 크기도 다르고,
만졌을 때 느낌도 다르고, 빛깔도 달라서 정확히
구별할 수 있지요.

가로등은 누가 켜고 꺼요?

가로등은 저 혼자서 켜지고 꺼진답니다.
하지만 가로등이 생각할 줄 알아서 그런 것은 아니에요.
가로등 안에 특수한 명령을 담은 장치가 들어 있어요.
어떤 가로등에는 저녁 6시가 되면 켜지고,
아침 8시가 되면 꺼지라는 명령을 담은
기계가 달려 있어요. 그래서 시간에 맞추어
켜졌다 꺼졌다 하지요. 어떤 가로등은
빛을 느끼는 장치가 달려 있어서 어두워지면
자동으로 켜졌다가 밝아지면 꺼지지요.

가로등에는 켜고 끄는 명령이
들어 있는 기계가 달려 있어요.

어떤 가로등은 전기 신호를 받을 수 있는 안테나가 있어서 가로등 본부에서 안테나에 신호를 보내 켜고 끈답니다.

4장 · 뚝딱뚝딱 과학 호기심

카드를 대면 어떻게 차비가 자동으로 계산되나요?

버스 안에 있는 단말기가 카드의 정보를 읽기 때문이에요.
교통카드 안에는 작고 얇은 반도체 조각이 들어 있어요.
반도체는 많은 정보를 넣고 저장할 수 있는
특수 장치예요.

삑~
어린이 입니다~

카드를
대주세요

버스 안에는 카드를 대면 삑!
소리가 나는 단말기가 있어요.
교통카드를 단말기에 대면 삑!
소리를 내며 교통카드 속
정보를 단말기가 읽어서
버스비를 계산하지요.

교통카드 속 반도체 조각은 버스비를 얼마 썼는지,
새로 돈을 얼마나 더 채워 넣었는지,
어디서 타고 어디서 내렸는지까지 다 기억할 수 있어요.

TIP

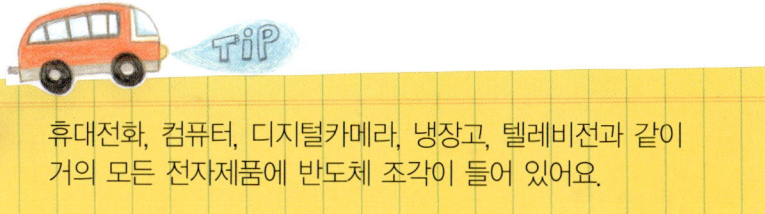

휴대전화, 컴퓨터, 디지털카메라, 냉장고, 텔레비전과 같이
거의 모든 전자제품에 반도체 조각이 들어 있어요.

BuS
16
500원 쓰고 1,000원 남았어요. 삑~.

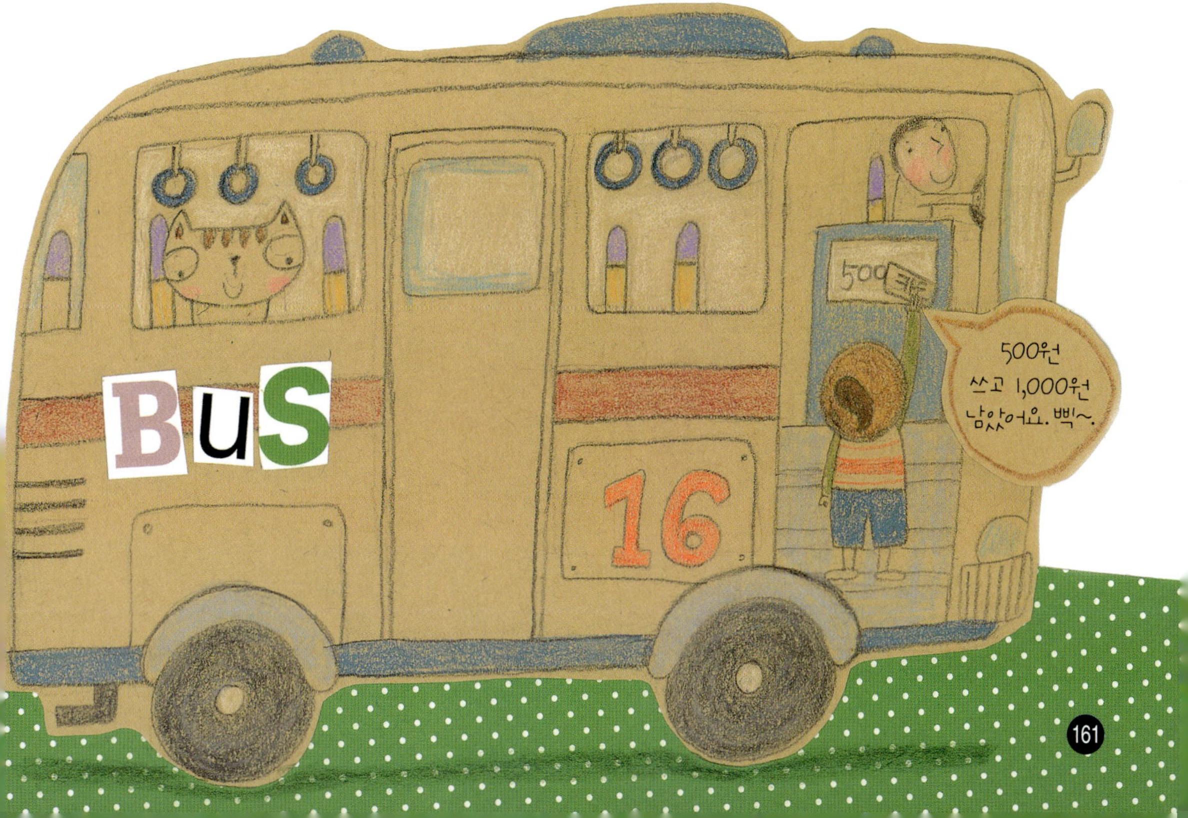

에스컬레이터의 계단은 어디로 사라져요?

에스컬레이터의 계단은 사라지지 않아요.
한쪽 끝에서 접혀 계단 안으로 들어갔다가
반 바퀴를 돌아 반대쪽 끝으로 도로 나오지요.
에스컬레이터의 계단을 쭉 펴면
둥근 띠처럼 이어져 있어요. 둥근 띠가 돌면서
우리를 위로 올려 주고 아래로 내려 주는 거예요.

대형 마트의 에스컬레이터는
계단이 아니라 그냥
비스듬한 모양이에요.
하지만 마트의
에스컬레이터도
계단으로 된 에스컬레이터와
같은 원리예요.

4장 · 뚝딱뚝딱 과학 호기심

어떻게 가지?
내비게이션 알려 줘!
?

내비게이션은 어떻게 길을 찾아요?

내비게이션 속에 든 전자 지도로 길을 찾아요.
우리가 길을 찾을 때 지도를 봐야 알 수 있듯이
우리가 길을 물으면 내비게이션은 전자 지도를 검색해요.
내비게이션은 사람과 달리 아주 빠른 속도로
지도를 살펴본 뒤 목적지까지 가는 길을 찾아내지요.
그런데 우리가 지금 어디에 있는지
알아야 길을 찾을 수 있겠지요?

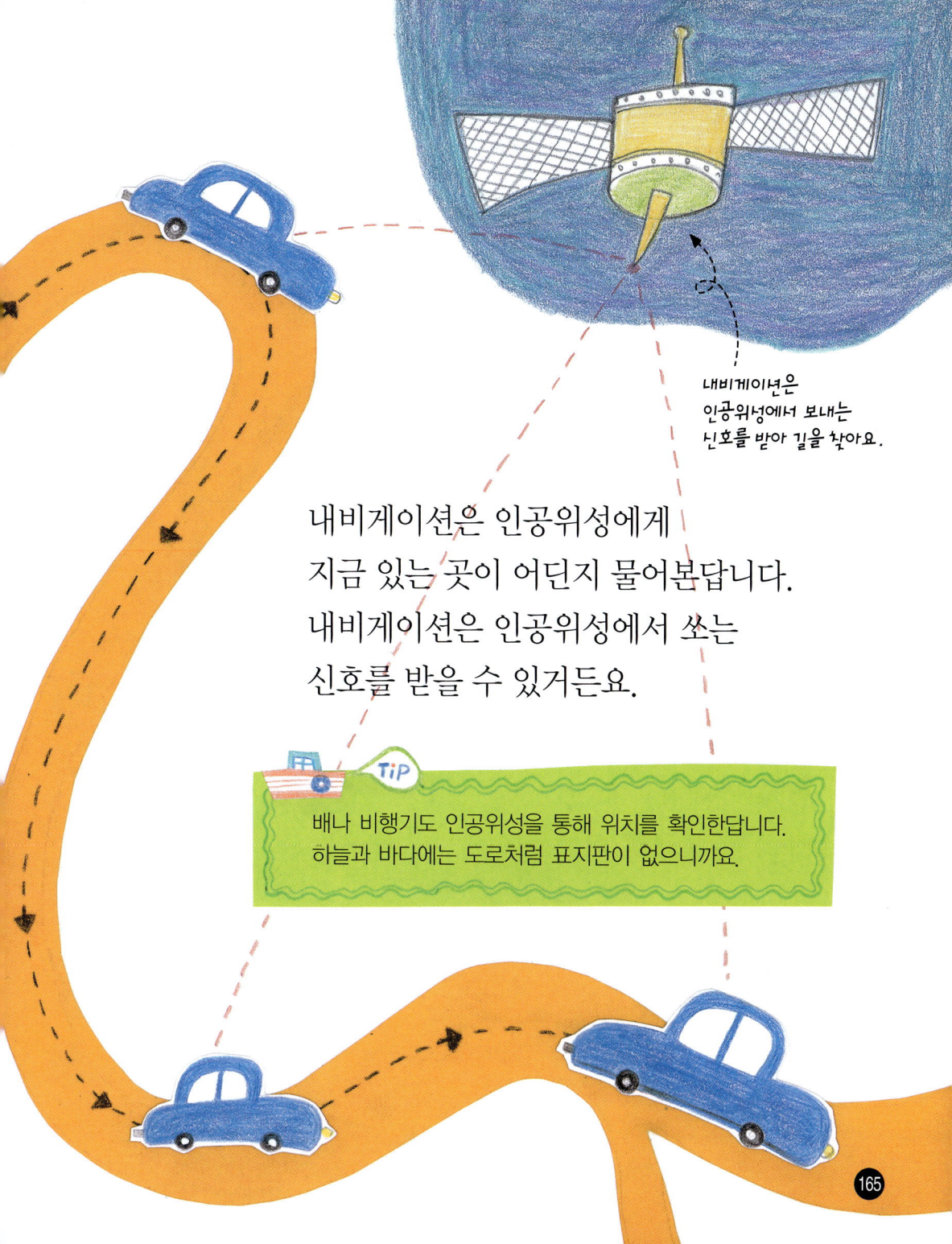

내비게이션은 인공위성에서 보내는 신호를 받아 길을 찾아요.

내비게이션은 인공위성에게
지금 있는 곳이 어딘지 물어본답니다.
내비게이션은 인공위성에서 쏘는
신호를 받을 수 있거든요.

TiP

배나 비행기도 인공위성을 통해 위치를 확인한답니다.
하늘과 바다에는 도로처럼 표지판이 없으니까요.

마시거나 놀 때도 **호기심**이 생겨나요.
콜라를 흔들면 왜 **거품**이 나는지
동생은 왜 날 그대로 따라 하는지
똑똑해지는 **호기심**을 만나 보아요.

5 빙글빙글 그 밖의 호기심

바람이 불면 아이스크림은 왜 더 빨리 녹아요?

바람이 아이스크림 곁으로 따뜻한 공기를 많이 보내기 때문이에요. 아이스크림은 차가운 냉동실에서 꽁꽁 얼었어요. 그래서 보통 공기는 아이스크림보다 따뜻하답니다.

아이스크림을 들고만 있어도
녹는 이유는 주위의 온도가
아이스크림보다 높기 때문이지요.

바람이 불면 나는 시원한데, 아이스크림은
더 빨리 녹아요. 바람이 아이스크림 곁으로
따뜻한 공기를 더 많이 보내기 때문이에요.
우리가 느끼기에 시원한 바람도
아이스크림보다 따뜻하니까요.

> TIP
> 겨울에 아이스크림을 먹으면 빨리 녹지 않는데, 여름에는 더 빨리 녹지요?
> 아이스크림 주위의 공기가 겨울에는 차갑고 여름에는 따뜻하기 때문이에요.

우주에서는 왜 우주복을 입어요?

우주의 환경은 지구와 많이 달라서
우주복을 입지 않으면 견딜 수 없어요.
그래서 두꺼운 우주복을 입고
헬멧, 장화, 장갑을 단단히 갖추는 거예요.
우주복은 숨을 쉬는 데 꼭 필요한 산소를 넣어 주어요.
우리 몸이 건강할 수 있도록 적당한 압력도 만들어 주지요.

우주복은 여러 겹으로 아주 튼튼하게 만들었어요.
우주를 헤엄치다가 우주에 떠돌아다니는
돌덩이에 맞아도 다치지 않을 만큼 두텁고 튼튼해요.
또 우주는 아주 춥거나 아주 뜨거워요.
태양빛이 닿는 쪽은 온도가 너무 높고,
반대쪽은 온도가 너무 낮기 때문이지요.
튼튼한 우주복은 온도의 변화와 상관없이
우주인의 몸을 보호해 주어요.

콜라를 흔들면 왜 거품이 나요?

콜라 속에 든 공기 방울 때문이에요.
콜라 속에는 이산화탄소라는 공기 방울이
녹아 있어요. 콜라를 흔들면 콜라 속에 녹아 있는
수천 개의 공기 방울들이 한꺼번에 밖으로 나오려고
움직이면서 보글보글 거품이 나요.
콜라 캔을 딸 때도 부글부글 거품이 흘러나와요.
콜라 속 공기 방울이 작은 구멍으로 몰려나오며
톡톡톡 터져서 거품이 되는 거예요.
그런데 콜라 캔 뚜껑을 딴 채로 오래 두면
콜라 속 공기 방울이 바깥으로 나가 버려요.
그래서 톡 쏘는 맛이 안 나는 김빠진 콜라가 된답니다.

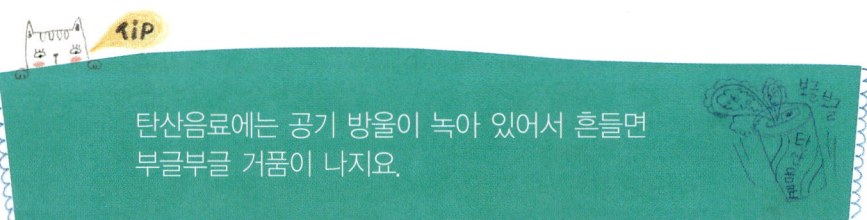

TIP 탄산음료에는 공기 방울이 녹아 있어서 흔들면 부글부글 거품이 나지요.

5장 · 빙글빙글 그 밖의 호기심

튜브를 잡고 있으면 왜 물에 떠요?

튜브 속에 공기가 들어 있기 때문이에요.
수영장에서, 바다에서, 계곡에서 물에 뜨고 싶으면
튜브를 써요. 튜브만 끼고 있으면 청둥오리처럼
물에 둥둥 떠다닐 수 있으니까요.
튜브 속에는 공기가 빵빵하게 들어 있어요.
공기는 물보다 가벼워서 튜브를 안고 있으면
물에 뜨는 거예요.

그런데 튜브가 없으면 우리는 정말 가라앉을까요?
가만히 누워있거나 두 손으로 무릎을 껴안고
몸을 구부리면 우리도 물에 떠 있을 수 있어요.
하지만 튜브를 가지고 있는 편이 훨씬 쉬워서
우리는 튜브를 가지고 놀지요!

오리는 꼬리에서 기름이 나와 긴털이 젖지 않게 막아 주어요.

너는 왜 떠 있어?

파마를 하면 왜 머리가 구불구불해져요?

우리 머리카락은 단백질 다발로 이루어져 있어요.
파마 약은 머리카락의 단백질을 마음대로
구부리거나 펴서 파마머리를 만들어 줘요.
파마를 할 때는 두 가지 약을 발라요.
첫 번째 파마 약을 바르면 단백질 다발이 뚝뚝 끊어져요.
이때 머리를 구부리면 구부러지고,
쫙쫙 펴면 반듯하게 펴져요.

두 번째 약은 머리카락을 그대로 멈추게 하는 약이에요.
구부러진 머리카락에 바르면 구부러진 채 그대로,
반듯하게 편 머리카락에 바르면 반듯이 펴진 채로
그대로 있게 만들지요.

5장 · 빙글빙글 그 밖의 호기심

헬륨 가스를 마시면
왜 목소리가 이상해져요?

목소리는 우리 목 안에 있는 성대에서 만들어져요.
성대 근육이 움직이면서 공기가 떨려서 목소리를 내지요.
한 사람의 목소리가 늘 같은 것은 똑같은 공기가
같은 사람의 성대를 지나며 떨리기 때문이에요.
하지만 헬륨 가스를 마시면 목소리가 변해요.
헬륨 가스가 공기보다 가볍기 때문이에요.
가벼운 헬륨 가스에서는 소리가
더 빨리 움직이고, 소리가
빨라지면서 음이 높아져서
우스꽝스러운 소리가
나는 거예요.

TIP 헬륨 가스는 보통 공기보다 훨씬
가벼운 공기예요. 그래서 헬륨 가스를 넣은
풍선은 하늘로 둥둥 뜨지요.

빨대를 빨면 왜 쪼르륵 소리가 나요?

빨대 속에 공기가 들어가서 소리가 나는 거예요.
병에 가득 든 주스를 처음 빨 때는 소리가 나지 않아요.
하지만 주스를 다 먹을 때쯤에는 쪼르륵,
요란한 소리가 나지요.
"벌써 다 먹어 버렸네. 더 먹고 싶다!"
우리 마음을 대신 말해 주는 것처럼요.
주스가 많을 때는 주스가 빨대 속을
꽉 채우고 있어서 소리가 안 나요.
하지만 주스가 줄어들면서 빨대 속에 빈틈이 생기면
공기가 빨대의 빈틈을 메우려고
재빨리 빨대 속으로 들어가지요.
이때 공기와 주스가 섞이면서 쪼르륵,
소리가 나는 거예요.

5장 · 빙글빙글 그 밖의 호기심

동생은 왜 나를 그대로 따라 해요?

동생은 뭔가를 열심히 배우는 중이랍니다.
새로운 것을 배울 때 우리는 먼저 따라 해 보지요.
특히 엄마, 아빠를 따라 하며 새로운 말과 행동을
많이 배워요. 그렇게 배운 행동을 통해
살아가는 방법을 하나씩 알아가지요.

동생이 언니나 오빠를 따라 하는 것도
손위의 형제의 말과 행동을 보고 배우는 과정이에요.
그래서 언니나 형의 행동이 무척 중요해요.
어린아이들은 무엇이 옳고, 무엇이 그른지 모르기 때문에
나쁜 말, 나쁜 행동까지 다 따라 하거든요.

쓰레기통에서는 왜 고약한 냄새가 나요?

새 쓰레기통에서는 아무 냄새도 안 나요.
쾨쾨한 냄새는 쓰레기통이 아니라
쓰레기에서 나니까요. 종이, 비닐, 헝겊 따위의
마른 쓰레기에서는 냄새가 안 나요.
물이 묻은 쓰레기, 특히 음식물이 묻은
쓰레기에서 냄새가 많이 나지요.
박테리아라는 세균들이 음식물을 썩히면서
고약한 냄새를 풍기는 거예요.
쓰레기통에서 냄새가 나지 않게 하려면
젖은 쓰레기를 버리지 말고, 쓰레기통을
늘 깨끗하게 씻어야 해요.

우리가 버린 쓰레기는 어디로 가요?

쓰레기는 종류마다 가는 곳이 달라요.
그래서 종류별로 따로 나누어 버려야 해요.
쓰레기봉투에 넣어 버린 쓰레기는
땅에 묻거나 태워 없애요.

플라스틱, 비닐, 종이 쓰레기, 유리병은 재활용
공장으로 가요. 플라스틱과 비닐, 종이 쓰레기는
새것으로 다시 태어나고, 유리병은 깨끗이 씻어
다시 쓰지요. 책상, 의자, 냉장고처럼
덩치가 큰 쓰레기는 고쳐서 필요한 사람들에게
팔거나 부숴서 필요한 것만 골라 다시 사용해요.

음식물 쓰레기는 왜 따로 버려요?

음식물 쓰레기에는 물기가 많아요. 그래서 마구잡이로 버리면 썩어서 고약한 냄새를 풍기며 지구를 오염시키지요. 하지만 영양분도 많아서 잘 이용하면 동물과 식물이 자라는 데 큰 도움을 줘요.

음식물 쓰레기를 버릴 때 비닐, 이쑤시개, 종이 같은 다른 쓰레기와 섞이지 않도록 주의해요!

물기와 영양분이 많아요

음식물 쓰레기로 동물의 먹이와 식물의 거름을
만들 수 있거든요.
그런데 음식물 쓰레기를 잘 이용하려면, 버릴 때
주의해야 해요. 비닐, 이쑤시개, 종이 같은
다른 쓰레기와 섞이지 않게 따로 버려야 하지요.
음식물 쓰레기는 쓰레기가 아니라
식물과 동물의 먹이가 될 재료니까요.

우체통은 왜 빨간색이에요?

편지가 빨리 전달되기를 바라는 마음으로 빨갛게 만들었대요.
빨간색은 눈에 잘 띄고, 편지를 빨리 전달할 것 같은 느낌을 주기 때문이지요.
하지만 다른 나라 우체통은 빨간색이 아니랍니다.

소중한 소식이 들어 있으니 함부로 손대지 말라는 뜻도 있대요.

빨리~ 전달해 줘.

일본, 영국, 덴마크, 네덜란드 등은 우체통이 우리처럼 빨갛지만 미국과 러시아는 파란색, 프랑스와 독일은 노란색, 중국은 초록색이랍니다.

우리나라에서도 우체통을 처음 만들 때 빨간색이 아니었어요. 갈색의 나무 상자를 벽에 걸어 우체통으로 썼답니다.

미국, 러시아 우체통

프랑스, 독일 우체통

중국 우체통

어린이 과학백과 시리즈
초등 교과 연계표

책 명	학년-학기	교 과	단 원
인체백과	2-1	봄2	1. 알쏭달쏭 나
	6-2	과학	4. 우리 몸의 구조와 기능
곤충백과	2-1	여름2	2. 초록이의 여름 여행
	3-1	과학	3. 동물의 한살이
	5-1	과학	5. 다양한 생물과 우리 생활
로봇백과	3-1	국어	2. 문단의 짜임
	3-1	과학	2. 물질의 성질
동물백과	3-1	과학	3. 동물의 한살이
	3-2	과학	2. 동물의 생활
	5-1	과학	5. 다양한 생물과 우리 생활
호기심백과	2-1	봄2	1. 알쏭달쏭 나
	3-1	과학	5. 지구의 모습
	5-2	과학	3. 날씨와 우리 생활
바다해저백과	3-1	과학	5. 지구의 모습
	3-2	과학	2. 동물의 생활
공룡백과	3-2	과학	2. 동물의 생활
	4-1	과학	2. 지층과 화석
전통과학백과	1-2	겨울1	2. 여기는 우리나라
	3-1	과학	2. 물질의 성질
	3-2	사회	2. 시대마다 다른 삶의 모습
우주백과	3-1	과학	5. 지구의 모습
	5-1	과학	3. 태양계와 별
장수풍뎅이 사슴벌레백과	2-1	여름2	2. 초록이의 여름 여행
	3-1	과학	3. 동물의 한살이
파충류백과	3-1	과학	3. 동물의 한살이
	3-2	과학	2. 동물의 생활
	5-1	과학	5. 다양한 생물과 우리 생활
벌레잡이·희귀 식물백과	1-1	봄1	2. 도란도란 봄 동산
	4-1	과학	3. 식물의 한살이
	4-2	과학	1. 식물의 생활
세계 최고·최초백과	3-1	과학	5. 지구의 모습
	5-1	과학	3. 태양계와 별
	6-2	사회	1. 세계 여러 나라의 자연과 문화
발명백과	3-1	과학	2. 물질의 성질
	4-2	과학	3. 그림자와 거울
드론백과	3-1	과학	2. 물질의 성질
	5-2	과학	4. 물체의 운동
인공지능백과	4-1	과학	1. 과학자처럼 탐구해 볼까요?
	5	실과	6. 나의 진로
	6	실과	3. 생활과 소프트웨어 4. 발명과 로봇